MIGRATIONS ET RENCONTRES

Annie Beghin

Une longue histoire familiale à travers différentes époques et territoires, une leçon de vie et souvent de survie avec ses espoirs réalisés et ses illusions perdues.

I0438101

Table des matières

INTRODUCTION. Mardi 24 mars 2015

LIVRE I. LES ANCETRES SICILIENS

1. La famille de Calogero et Angela Di Stefano et la révolution Sicilienne à Castelvetrano 1830-1858

2. Cristina Di Stefano et sa famille au temps de l'unification italienne 1858-1883 et de la Mafia

3. 1883-1914 Laurence fille de Cristina Di Maio, son mariage et l'émigration en Tunisie

4. Naissance de Mafalda -Joséphine en 1914 en Sicile, la première guerre mondiale et l'avènement du fascisme

5. 1925-1939 La vie de Mafalda- Joséphine et de sa famille émigrée à Constantine en Algérie

6. Vie difficile de Mafalda et de sa famille durant la seconde guerre mondiale à Constantine 1939 -1945

7. Rencontre de mes parents à Constantine en 1946, ma naissance et le futur de la famille rapatriée en France en 1962

FIN LIVRE I

Bibliographie Livre 1. Les siciliens

LIVRE II. LES ANCETRES FRANÇAIS DE GASCOGNE ET D'ALGERIE.

1 .Bourg Castral de Daubèze en Lomagne au sud d'Agen mai 1573

2. Un cadet de Gascogne mousquetaire du Roi de France en 1620

3. Jehannet Daubèze meunier marié à Jehanette 1631

4. 1787 Jean-Pierre tisserand à l'Isle Jourdain et la Révolution française de 1789

5. 1794 naissance de Bernard Daubèze 1812, son mariage avec Jeanne-Marie

6. Jean Daubèze né à l'Isle Jourdain en 1819, enfance et vie quotidienne dans le Gers d'alors, transports par diligences

7. 1843 Jean un migrant en Algérie jeune colonie française, la vie de famille avec Marie Agathe, la Monarchie de Juillet et le second Empire

8. Louis le premier fils de Jean né à Bône en 1854, du second Empire à la troisième République, la guerre de 1870 avec la Prusse

9. Robert Jean Marius fils de Louis et le début du vingtième siècle en Algérie, la première guerre mondiale, les réformes de la troisième République

10. Louis- Paul fils de Robert et militaire de carrière dans l'armée Française, la seconde guerre mondiale, le régime de Vichy et les forces alliées en Algérie, le débarquement en Sicile et Italie

11. La rencontre de Louis- Paul avec Mafalda Joséphine en 1946, leur mariage en 1947 et ma naissance, le rapatriement en France en 1962

Bibliographie Livre II Les Gascons

Fin.

L'avion de la Compagnie à bas coût Ryan Air atterrit à Trapani sur la côte sud-ouest de la Sicile. Il fait nuit. Des bourrasques chargées de pluie froide accueillent les passagers à la sortie de l'aéroport. La tempête d'équinoxe pousse ses nuages sombres depuis l'Afrique du nord toute proche. Je hèle un taxi pour franchir les deux kilomètres qui me séparent du gîte retenu quelques jours plus tôt par internet à Marausa, un village voisin.

La résidence perdue en pleine campagne est composée de plusieurs bâtiments de plein pied dont l'un est réservé aux touristes de passage. La propriétaire une robuste jeune femme me conduit au fond du jardin jusqu'à un appartement vaste et bien tenu. Mais elle ne comprend ni le français ni l'anglais. Son époux est allé m'attendre en voiture à l'aéroport mais il m'a ratée et revient un moment plus tard. Je désire dîner avant de m'endormir dans la chambre aux meubles vieillots et au couvre- lit en cretonne imprimé. Je m'efforce d'expliquer dans mon maigre vocabulaire italien que je me contenterai d'une salade avec une omelette. Un moment plus tard la bonne dame apporte le tout sur un plateau dans la grande salle à manger du gîte. Je regarde la télévision qui n'offre que les chaînes de la RAI. Les informations en direct montrent les suites du crash d'avion de German Wings dans les Alpes de Haute Provence près du domicile de mon fils ainé. Puis je me mets au lit et m'endors rapidement. Les coups de boutoirs du vent heurtent les volets fermés et agitent furieusement les branches d'arbres dans le jardin.

Je suis partie en Sicile trois jours sur la trace de mes ancêtres maternels. Ils étaient établis depuis le fond des temps à Castelvetrano, une bourgade proche de l'antique colonie grecque Sélénunte.

25 Mars 6 h 30 du matin. Dans ma chambre une lumière blafarde filtre à travers les persiennes et le vent s'est calmé. J'avance sur le pas de la porte et découvre un paysage rural sablonneux et plat. Le ciel bleu tendre est strié de fins cirrus blanchâtres. Le gîte ouvre sur un verger de citronniers bordé de petits palmiers. La maîtresse des lieux apporte mon petit déjeuner vers 7 heures 30, des mini-croissants, des baguettes Gressini longues et croustillantes et un grand pot de café noir. Plus tard elle me conduit en voiture à la gare de Marausa à deux kilomètres de distance. Un train doit passer vers 9 heures 30 .Il assure le trajet de Trapani vers Castelvetrano. Je quitte mon hôtesse serviable devant le bâtiment bordé de friches et d'oliviers. Les pluies méditerranéennes ont détrempé les terres depuis des semaines. Des mares boueuses rougeâtres encerclent les orangeraies et les vignes. Je chemine un moment vers le village voisin où des résidences de vacances aux volets clos sont désertées jusqu'à l'été.

J'attends un grand moment le train qui arrive de Trapani, le chef-lieu de la province huit kilomètres au nord. Le vent froid me décoiffe sans répit. Une petite locomotive tractant quelques wagons apparaît enfin et le train s'arrête. Je monte et m'installe sur une banquette en moleskine noire. Le contrôleur passe, un homme aimable. Je le préviens que je n'ai pu acheter mon billet pour Castelvetrano 37 kilomètres au sud. Je ne sais pas trop qu'est- ce que je fais là dans cette cambrousse engourdie bien avant l'afflux des touristes européens sur les plages voisines dès le mois de juin. Mais je poursuis mon plan de voyage en me disant que cette campagne placide est la terre d'une partie de mes ancêtres.

Dans les gares suivantes des migrants, jeunes africains en groupe s'installent dans le train. Ils séjournent sans doute en Sicile depuis quelque temps habillés chaudement et parlant italien. Ils sont peut-être employés dans les plantations de citronniers et d'orangers, payés au minimum pour remplacer les locaux qui ont quitté la terre pénalisés par les bas coûts de production imposés par les marchés européens.

Les bourgades se succèdent au bord de mer, Marsala et son vignoble fameux, Mazzaro dal Mare, puis le val Bellice et le lac de la Trinita. Vers 10 heures 30 les premiers quartiers de Castelvetrano apparaissent entre ombre et lumière sous un ciel pastel parcouru de petits nuages cotonneux. Des immeubles succèdent aux collines et aux interminables champs d'oliviers dont les troncs noueux semblent implorer le ciel.

La gare de Castelvetrano a un air suranné. Je traverse le mini hall d'accueil. Le guichetier m'informe en italien des horaires de retour à Trapani le surlendemain matin. Un jeune tunisien parlant français s'interpose pour me servir d'interprète. Je suis décontenancée par son aisance dans cet espace étranger comme une sorte d'appropriation des lieux face à moi une touriste française.

Mais j'oublie vite les migrants africains qui se noient actuellement par centaines en Méditerranée dans leur rêve d'Europe ou sont parqués dans les centres d'hébergement de plus en plus nombreux et engorgés de la côte sud de la Sicile. J'oublie cette actualité dérangeante et sans solutions durables de la part des pays européens qui ne maîtrisent pas les flux de migrants pour me consacrer à la recherche de mes arrières grands parents et de leurs descendants.

Je me rends plus tard au service des archives de l'état civil et y remets toutes mes informations pour permettre de retrouver mes ascendants sur des registres. Je visite aussi un grand nombre d'églises. Non loin de là je ne retrouve pas la maison où naquit ma mère, réduite à un vide béant entre deux bâtiments. Je n'ai pas le temps de visiter le cimetière à quelques kilomètres de distance. Je n'ai plus envie de marcher à cause de mes pieds enflés dans mes chaussures serrées. A cause des horaires limités je rate la visite de l'antique cité de Selinunte. Je suis trop occupée par ma recherche généalogique. A la tombée de la nuit je flâne un moment sur l'Avenue principale bordée de boutiques de mode et n'achète qu'une paire de chaussettes Adidas produites en Asie. Je dîne plus tard d'une pizza dans un restaurant proche de mon appartement un B and B restauré de la vieille ville. De retour à ma chambre je continue à suivre sur la RAI l'horrible crash d'avion causé par l'allemand co-pilote fou responsable de la mort de 149 passagers et de la sienne.

Je repars tôt le lendemain matin marchant sous une pluie fine jusqu'à la gare et reprends le train jusqu'à Trapani. J'effectue une brève visite du quartier historique de Trapani et de son port de pêche avant de regagner en avion Gênes et ma petite maison dans les Alpes françaises.

Que me reste- il de ce court séjour flou et charmant ?

L'envie de réanimer ces personnages de ma famille maternelle dont la plupart sont morts et oubliés depuis des siècles.

Plus tard j'ai reconstitué et romancé la longue histoire de mes ancêtres paternels français des terriens gascons dont j'ai retrouvé la trace grâce au moteur de recherche Google.

Jusqu'à la rencontre de mon père et ma mère et ma naissance.

1. La famille de Calogero et Angela Di Stefano et la révolution Sicilienne à Castelvetrano 1830-1858

Le nom de baptême de la famille Di Stefano signifie fils de Stéphane, d'après l'un des premiers chrétiens morts en martyrs à Jérusalem. Elle fait peut-être partie des vétérans de Selinunte l'antique comptoir de colons grecs Corinthiens de Megare et Syracuse, une ville réduite à des vestiges après l'invasion des armées romaines dans l'antiquité. Avec les conquêtes successives générant de l'insécurité et l'arrivée des Normands en Sicile au 11ème siècle l'habitat rural dispersé dans les plaines bordant la côte méditerranéenne fit place à un regroupement dans des sites urbains fortifiés érigés sur des collines. De nombreuses familles de vétérans de Selenunte, nobles et grands propriétaires terriens fondèrent le Bourg de Castelvetrano sur une hauteur à 180 mètres d'altitude, à sept kilomètres de la mer et de l'antique cité grecque. Le commerce fut florissant dans ce grand marché d'échanges agricoles. Les belles maisons, squares, fontaines ainsi que les églises et couvents, siècle après siècle s'ajoutèrent aux premières bâtisses autour du palais de la famille régnante Tagliavia et de l'église Chiesa Madre, à l'époque protégées par une muraille de fortification.

Les Di Stefano de Castelvetrano furent sans doute une branche moins fameuse de la grande famille noble Di Stefano de Monterosso Alma près de Raguse, une ville plus à l'est sur cette partie de la côte sicilienne. Ces derniers dont la lignée remonte au 14eme siècle donnèrent le Baron Antonino Di Stefano d'Utolia en 1634 qui résidait dans le Palazzo de Raguse. Plus tard le roi d'Espagne Philippe V conféra en 1710 le titre de Duc de San Lorenzo à Gugliemo Di Stefano. Cette famille d'aristocrates puissants et titrés comprenant guerriers et chevaliers encouragea les arts et la musique.

A Castelvetrano même on trouve dans les archives un Don Philippe Di Stefano brièvement nommé en 1558 Archevêque de la Basilique Chiesa Madre près du Palais Taviaglia. Angela Di Stefano née Parrino en 1825 est pieuse car issue d'une famille comportant nombres d'ecclésiastiques dont certains ont fait leur place au Vatican. Elle a épousé en 1840 Calogero di Stefano un propriétaire terrien résidant comme beaucoup dans le bourg de Castelvetrano. Elle ne manque jamais les messes de vêpres journalières. Angela a vécu son enfance avec ses nombreux frères et sœurs dans la maison de la Via Seniella au cœur de la ville mais elle passait l'été dans la propriété de ses parents Pietro et Anna du côté de Mazara Della Mare .Elle possède le sens de la terre, attendant avec impatience la récolte d'oranges parfumées et les vendanges de septembre effectuées au milieu des chants et danses des paysans. Elle a quitté les siens avec tristesse mais avec la satisfaction de fonder une famille, le pilier de vie des siciliens catholiques et claniques.

Angéla est menue et ses grands cheveux sombres rassemblés en une épaisse tresse forment une couronne sur sa tête. Elle n'a que 30 ans mais elle a acquis l'autorité indispensable pour diriger sa maisonnée. Elle rêve d'un bébé masculin mais pour le moment seules deux filles égayent l'atmosphère austère de la maison Di Stefano. Giuseppa- Maria l'aînée est née en janvier 1848 au moment de la troisième Révolution sicilienne.

Ce furent des journées terribles dans la ville en proie à sa seconde insurrection contre la loi des Bourbons représentée par le Roi Ferdinand. Le Royaume de Naples et celui de Sicile avaient été réunis lors du Traité de Vienne en 1815 sous le nom de Royaume des Deux Siciles. Le Royaume de Sicile fut fondé par les Normands en 1130 puis revint à la Dynastie allemande des Hohenstaufen et plus tard à la Maison d'Anjou. Les Roi Bourbons de Sicile descendent eux de la branche espagnole des Capétiens.

La révolte dans le royaume des Deux- Siciles débuta en 1812 durant la période Napoléonienne. La Cour des Bourbons fut contrainte de fuir Naples sa capitale et de se réfugier à Palerme avec le support de la Marine Britannique. Les Nobles de Sicile obligèrent le Roi Ferdinand II à déclarer une nouvelle constitution pour la Sicile basée sur la Constitution espagnole de Cadix, à dominance Parlementaire. Mais après le Congrès de Vienne en 1815 le Roi Ferdinand III des Deux -Siciles abrogea cette constitution dès son retour à Naples. Cette décision politique fut à l'origine de la révolte de la population sicilienne, une révolte qui se va se poursuivre jusqu'à la réunification de l'Italie en 1861 sous l'égide de Garibaldi.

En janvier 1848 à Castelvetrano les gardes civils étaient postés aux points cruciaux de la ville tandis que les nobles et notables se réunissaient pour former un gouvernement provisoire. Le mari d'Angela, Calogero Di Stefano en faisait partie. Palerme était le centre de l'insurrection. Son nouveau gouvernement dirigé par Ruggero Settimo remit en place la Constitution de 1812 qui comportait le principe de Démocratie Représentative.

La fille aînée d'Angela arriva au monde dans l'agitation et la peur mais la situation se stabilisa au cours des 16 mois suivants. La Sicile fut déclarée indépendante du Royaume des Deux- Siciles en avril 1848. L'euphorie remplaça la lutte et la population de Castelvetrano se permit de rêver à un avenir de liberté. La Révolte en Italie fut dénommée le « Printemps des peuples ». Elle ne tarda pas à se propager à d'autres régions. Mais l'armée des Rois

Bourbons reprit le contrôle de la Sicile le 15 mai 1849 après des affrontements violents grâce au Port fortifié de Messine resté aux mains des Bourbons. Le Ministre Ruggero Settimo s'enfuit à Malte où il finit sa vie en exil.

A Castelvetrano les représailles ne tardèrent pas dirigées par les milices Filangeris. La famille d'Angela se terra dans sa grande maison. Les sorties de l'après-midi à l'ombre des grands arbres jusqu'à la Place Santa Regina furent supprimées ainsi que les pique-niques à la propriété agricole devenus dangereux à cause des vengeances diverses des milices à la solde des Bourbons. Giuseppa-Maria s'étiola un peu enfant dans ce monde instable. Son teint pâle témoigne de son manque de sorties au grand air. Sa sœur Héléna née en 1853 est plus espiègle. Toutes deux partagent jeux et maladies d'enfant. Elles attendent les dimanches et fêtes religieuses avec impatience pour rencontrer leurs cousins et cousines.

L'automne est pluvieux et dans les rues boueuses les gens se hâtent de rentrer chez eux. Dans l'ancien quartier historique de Borgo Monastera près de l'Eglise Santa Gondolfo la grande maison dotée d'une immense façade abrite la famille Di Stefano dont les terres fertiles plantées d'oliviers de citronniers et d'orangers se situent à quelques kilomètres à l'ouest de la ville.

Le cousin germain de Calogero est marié et détient le titre de Baron Di Stefano. Il vit avec sa femme et ses enfants et l'une de ses sœurs restée célibataire dans les appartements les plus spacieux du Palazzo, au réez de chaussée. Il a été arrangé que Calogero vienne vivre au premier étage de la grande maison, car celui-ci a dû laisser sa résidence proche dans la Via dei Capuccini à son frère aîné lorsque ses parents Pasquale et Catarina ont vieilli et que la famille s'est accrue de plusieurs petits- enfants. Mais le Baron et Calogero s'entendent très bien ainsi que leurs épouses.

Angela est en train d'accoucher de son troisième enfant. La matrone et les servantes s'affairent courant de la cuisine à la grande chambre aux rideaux tirés, chargées de brocs d'eau bouillante et de draps propres. Les hurlements de la jeune femme retentissent à travers toute la maison. Son époux est arrivé depuis peu de ses terres où il a rencontré les métayers et vérifié que ses gardes peuvent parer aux attaques de plus en plus fréquentes des bandes armées qui terrorisent les propriétaires de la région. Il est prostré sur un fauteuil de l'antichambre priant la Sainte Vierge de lui donner un robuste garçon. Il aime sa femme à la façon de l'époque. Elle lui a procuré beaucoup de joies et le sert avec empressement tout en le conseillant habilement sur ses placements.

Enfin un grand cri et le bébé vient au monde. C'est une fille. Angela est un peu déçue mais elle adore les enfants. Elle blottit le bébé dans ses bras. Calogero Di Stefano vêtu d'une redingote noire et le chapeau à la main entre dans la chambre et embrasse sa femme et son bébé. Il se soumet à la loi divine et pense que son épouse encore jeune peut avoir d'autres enfants. C'est un bel homme aux traits réguliers mais son regard sombre et son caractère rigide le font paraître plus âgé. Il ressemble de plus en plus à sa mère Catarina née Caimi, une femme altière dont la famille noble de racine lombarde avait étendu son influence des siècles auparavant sur Milan et sa région. Son père Pasquale Di Stefano a toujours obéi aux quatre volontés de son épouse. Jeune elle le fascinait avec ses longs cheveux blonds vénitiens qui tombaient en vagues au niveau de la taille lorsqu'elle les brossait le soir avant de se coucher.

On nomme l'enfant Cristina. Elle est jolie et bien faite mais crie beaucoup. Son enfance est malaisée dans les bouleversements de la révolution et de la réunification italienne.

Le premier Ministre du royaume de Piémont -Sardaigne, Cavour a rencontré dans les Vosges en juillet 1858 l'Empereur Napoléon III. Ils ont formé une alliance pour contrecarrer les vues de l'Autriche sur l'Italie. La France et l'Italie déclarent la guerre à l'Autriche. Mais Napoléon III craignant que la Prusse ne s'allie à l'Autriche abandonne l'Italie et Cavour. Il signe en juillet 1859 l'armistice de Villafranca. Cavour est contrarié mais l'Italie signe finalement le Traité de Nice le 24 mars 1860. La Savoie et le Comté de Nice deviennent français au grand dam de Garibaldi « le niçois italien ». Celui-ci s'engage dans la Révolution des Deux- Siciles. Il veut que ce Royaume soit rattaché à celui de Piémont- Sardaigne.

Le 11 mai 1860 alors que Cristina à 2 ans et demi sort ses premières dents dans la douleur Garibaldi le Républicain débarque avec ses 1000 partisans des « Chemises rouges « à Marsala, à 20 kilomètres à peine de Castelvetrano. De là il conquiert Palerme malgré un accueil moyen de la population et se proclame dictateur au nom du Roi de Piémont -Sardaigne. Il poursuit son avance par le détroit de Messine et conquiert Naples en septembre 1860. Cavour réagit à ces évènements. Pour ne pas se faire doubler par Garibaldi il lance une attaque sur Naples en contournant les Etats Pontificaux, avec l'aval de Napoléon III. Ces Etats se réduisent au quadrilatère romain après la bataille des troupes de Cavour à Castelfidardo en septembre 1860. Le rattachement des Etats du Sud de l'Italie au Royaume de Piémont -Sardaigne est ensuite légitimé par un plébiscite. Le Roi Victor Emmanuel II devient Roi d' Italie le 14 mars 1861. Cavour meurt d'épuisement en juin 1861.

Le 6 septembre 1861 le dernier des Rois de la Dynastie des Bourbons d' Espagne s'enfuit de Naples. Garibaldi arrive en train dans la ville.

Le *Risorgimento*, processus d'unification de l'Italie est en marche. En 1866 la seconde guerre entre l'Autriche de l'Empereur François-Joseph et la Prusse du Kaiser gouvernée par Bismarck voit l'Italie de Victor Emanuel II s'allier à la Prusse. Ces derniers sont victorieux et l'Italie récupère Venise en 1866.

Rome est le dernier Etat qui reste à conquérir par Victor Emanuel II. Une tentative de Garibaldi échoue en 1867. Mais après la prise de Sedan en septembre 1870 Napoléon III est fait prisonnier par les prussiens et son armée mise en déroute. La France proclame la Troisième République. Libérée de ses traités d'alliance avec le second Empire français l'armée italienne marche sur Rome le 20 septembre 1870. Après un plébiscite Rome devient la capitale de l'Italie. Le Pape Pie 9 se déclare prisonnier au Vatican.

La Sicile est devenue italienne et la vie suit son cours à Castelvetrano dans une ambiance de clans et de rivalités. La grande famille Saporito étend son influence et ses membres développent de nouveaux secteurs d'activité commerciale, fabriques de pâtes, pressoirs d'huile d'olive ou usines de savon. Ils dominent la vie sociale et politique de la ville.

Christina a grandi. Elle a maintenant 12 ans ayant appris à lire et écrire mais elle s'entraîne surtout à sa future vie de maîtresse de maison, apprenant à coudre son trousseau et à cuisiner. Elle assiste sa mère et ses sœurs pour accueillir les innombrables invités de son père qui s'investit dans des transactions financières malaisées dans ce nouveau milieu commercial où les banques, les prêteurs sur gage et les notaires ne chôment pas. Un garçon Giuseppe est né après elle. Il est vif et remuant et imite son père dans ses gestes et habitudes. Le petit homme de la maison veut être militaire et collectionne les soldats de plomb. Mais Cristina arbore de plus en plus de rondeurs à son adolescence et son abord aimable inquiète sa mère qui craint que sa troisième fille ne soit séduite par l'un des nombreux visiteurs qui fréquentent les lieux. Elle la conduit aux messes à l'Eglise Santa Dominica et la menace de la faire entrer au couvent voisin. Les familles apparentées Di Stefano et Parrino se concertent et en janvier 1875 Cristina épouse à 17 ans Vito Di Maio un cousin sicilien de racines anciennes normandes. Elle part habiter dans la vieille ville avec son époux Vito et sa belle- mère Laurenza une veuve de 50 ans aux yeux noirs pénétrants, éprise de bonnes manières, d'opéra et de belle canto napolitain. Ils se rendent souvent au théâtre Sélénus non loin de leur résidence Via Milazzo.

Mais une nouvelle menace plane sur Castelvetrano et sa région ainsi que dans toute la Sicile ; la Maffia. Un des piliers de l'assise maffieuse est la protection des terres des nobles siciliens. En ces temps-là de plus en plus de conflits apparaissent au sujet des contrats d'exploitation, de gestion et de protection des grandes propriétés. Alors que l'Italie est un nouveau Royaume unifié la situation dans l'ancien Royaume des deux -Siciles s'est détériorée. Depuis l'annexion par le Royaume de Piémont -Sardaigne la pauvreté s'étend. Les propriétés Latifundiaires prédominent en Italie du Sud. Ces grandes exploitations pratiquant l'agriculture extensive manquent de structures d'irrigation et n'utilisent que des technologies rustiques. Les propriétaires sont souvent des nobles qui vivent de la rente foncière et résident dans leurs maisons cossues dans les bourgades proches de leurs terres. **Ils ont confié la gestion de leurs domaines à des régisseurs, les** *gabelloti*. **Ces derniers assistés par des contremaîtres ou** *caporali* **exploitent de nombreux ouvriers agricoles misérables les** *brachianti*. **Ces journaliers sont embauchés quotidiennement et vivent dans l'arbitraire, devant rembourser à taux usuraire les avances en nourriture ou en semence faites par les propriétaires. Ils sont illettrés, vivent dans des taudis et sont victimes de maladies endémiques dans la région comme le paludisme.**

La fin des frontières intérieures avec le reste de l'Italie met les entreprises de l'ancien Royaume des deux -Siciles en difficulté car auparavant elles produisaient pour la population locale en bénéficiant de tarifs protectionnistes. Les capitaux italiens devenus rares peinent à s'investir dans les régions du Sud qui deviennent petit à petit des principaux foyers d'émigration vers d'autres pays jusqu'au début du 20ème siècle.

Dans les campagnes à cette époque peu de gens possèdent un cheval. La plupart du temps les transports difficiles s'effectuent à dos de mulet ou dans une chaise à porteur (*lettiga*) fixée entre deux mulets. Les routes sont cahoteuses et défoncées et les embuscades de brigands fréquentes. Les premiers Maffiosi sont des hommes de main, des anciens soldats farouchement séparatistes face à la nouvelle Italie. Au départ à la solde des nobles propriétaires terriens ils maintiennent ordre et sécurité dans la campagne sicilienne. Mais ils ne tardent pas à s'associer en groupes de racket et les nobles aisés en deviennent dépendants car ils ont besoin des Maffiosi pour gérer leurs biens fonciers. Les Maffiosi gangrènent peu à peu la société sicilienne. Avec leurs principes d'Omerta (loi du silence) et de Respect ils cadrent les institutions Siciliennes fragilisées après la Révolution.

La délinquance, le brigandage et le banditisme deviennent organisés à partir de 1860. L'opposition de nombreux siciliens à la mise en place du Service militaire obligatoire en 1861 les amène à intégrer cette organisation secrète qui leur donne la possibilité de se révolter contre le nouveau Royaume d'Italie. La Maffia s'infiltre dans les Institutions légales en s'alliant avec des hommes politiques corrompus ou en recrutant des anciens soldats sous les ordres de Garibaldi. La Maffia s'appuie sur des valeurs traditionnelles telles que la famille. Ses membres se marient dans leur famille proche ou lointaine et les descendants masculins rentrent ensuite dans l'organisation comme membres à part entière. Le principe de Respect consiste à n'user de la violence qu'en dernier recours.

Durant la seconde moitié du 19ème siècle en Sicile la Maffia se limite à la protection des grandes propriétés en remplaçant la noblesse locale et en faisant payer une taxe de protection le *pizzo* à tous les commerçants. Mais après 1870 la Maffia prend plus d'importance grâce aux tensions entre l'Etat Italien et la Papauté. Le Pape s'oppose à l'Etat Italien après la confiscation des Etats Pontificaux. Il se déclare opprimé par le Gouvernement italien. Il rallie les catholiques à sa cause contre les autorités du Royaume d'Italie. Dans une Sicile très catholique les habitants se joignent à sa cause contre les autorités et se tournent vers la Maffia pour être protégés.

En 1883 Cristina donne naissance à une fille, Laurence. Cristina a déjà un grand garçon nommé Carmello, timide mais féru de lettres et qui parle bien l'italien alors que le dialecte sicilien est plus répandu dans la population. Laurence est dès son enfance hautaine de caractère et élitiste. Elle parle peu et préfère broder de délicates dentelles ou lire des textes religieux. Elle n'aime pas la musique et refuse d'apprendre à jouer au piano. Elle est tout ce que sa mère n'est pas et se renferme sur elle-même dès que trop d'exubérance des adultes la contrarie. Elle est brune avec des yeux noirs profonds et scrutateurs et ne se laisse jamais aller.

La ville de Castelvetrano adhère au mouvement fasciste sicilien en décembre 1893. La population réagit par de violentes émeutes qui durent quatre jours. Les fascistes veulent rétablir l'ordre en éliminant les chefs locaux de la maffia. Ils ciblent aussi les nobles séparatistes et les juifs, commerçants et banquiers. S'ensuit une bataille rangée et un grand nombre de victimes. Un cousin de Cristina est tué pris entre deux feux dans une rue proche du Palazzo. La loi martiale est imposée en Sicile en 1894. L'île est occupée par 50 000 soldats italiens à la suite d'émeutes paysannes et du renversement du Gouvernement en place.

En 1900 Laurence est âgée de 17 ans. Elle est pratiquement illettrée, ne se sentant pas concernée par une éducation soignée. Cristina voudrait la marier tôt à son instar. Cristina a eu cinq autres enfants depuis la naissance de ses deux ainés. Elle est robuste à 42 ans et l'on ne distingue pas trop les traces de l'âge sur son visage aux traits classiques. Mais son époux Vito est gravement malade, atteint de diabète. Il ne sort plus beaucoup pour visiter ses propriétés.

Angela Di Stefano la mère de Cristina est morte subitement en 1898 d'un arrêt cardiaque et son époux l'a rejointe un an plus tard dans le caveau de famille à l'occasion d'obsèques imposantes. Une foule nombreuse paya ses respects, composée de parents proches et lointains, de femmes voilées de noir, de métayers et paysans qui travaillent la terre des Di Stefano, une terre riche grâce à ses centaines d'orangers et citronniers. La grande maison Di Stefano s'est vidée et n'y résident plus que le Baron veuf âgé et arthritique et sa famille composée de trois fils mariés avec leurs brus et leurs enfants. Une de ses filles s'est faite nonne au couvent des Miracoli. La sœur vieille fille a disparu aussi dans l'oubli général après une vie effacée et pieuse.

Dans la petite noblesse sicilienne la femme conserve une image maternelle. Son rôle social en dehors de sa famille se cantonne à participer à des œuvres de charité ou d'inspiration religieuse. Mais la femme doit être avant tout une bonne maîtresse de maison. Elle supervise les tâches ménagères, l'entretien du linge. Elle est responsable de l'aménagement de sa maison et de sa décoration. Elle prévoie les menus et s'occupe des achats de nourriture et autres produits ménagers.

A cette époque à la ville les pièces de séjour sont prévues pour accueillir de nombreux invités. Les miroirs à moulures et les manteaux de cheminées tarabiscotées ainsi que les épaisses tentures à galons ornent les salons et salles à manger. Le piano est un témoin de la vie quotidienne des familles aisées. Les dîners sont l'occasion de recevoir. Les différents services exigent beaucoup de vaisselle, de préférence en porcelaine et des couverts en argent ou vermeil. Après le repas le salon accueille les invités repus sur des sofas autour de tables basses. Les filles à marier démontrent alors leur talent au piano ou au chant. Leurs parents songent à les placer dans de bonnes familles apparentées et sont souvent préoccupés par la dot à verser.

Le Royaume d'Italie en 1900 fait face à des bouleversements. Le Roi Humberto I est assassiné dans un attentat par un anarchiste, Gaetano Bresci. Le Roi Victor Emmanuel III lui succède sur le trône.

Laurence a fait la connaissance d'un de ses cousins en 1900 lors d'un séjour estival chez la grande tante Ermellinda, dans sa plantation d'orangers. Lors d'une photo de groupe ils ont été placés à côté l'un de l'autre. Sur le daguerréotype en noir et blanc il y a des femmes mures et grasses en robe noire et chapeau à voilette, certaines très belles, des soldats en uniforme de la jeune armée italienne, l'épée à la ceinture et même un prêtre en soutane. Les garçonnets sont vêtus de costumes marins et les fillettes exhibent avec fierté leurs robes blanches en mousseline avec des rubans assortis dans les cheveux. Calogero est de six ans l'ainé de Laurence. Il est grand et bel homme avec des cheveux châtains lisses et des yeux bleus. Il envisage de se lancer dans une carrière d'entrepreneur de travaux publics car il y a une forte demande dans les grands chantiers en cours en Tunisie. Ce n'est pas un homme de la terre. Il aime bâtir et réussir en affaires. Quelques semaines plus tard Laurence est fiancée à Calogero, fils de Giuseppa, elle-même une cousine germaine de Cristina Di Maio. Calogero est né à Memfi ou Memphis une localité voisine de Castelvetrano. Ils se marient en 1901 et l'année suivante quittent la Sicile pour la Tunisie. Ils prennent le bateau à Trapani chargés de lourdes malles. Après une nuit nauséeuse Laurence monte sur le pont- avant et découvre les côtes d'Afrique. L'aube violette s'éclaire peu à peu. La jeune femme s'est accoudée à la rambarde près de son mari qui réfléchit à leur installation dans un pays étranger. Une ligne floue se dessine enfin à l'horizon. Sous un ciel brumeux on distingue des falaises où pointent des tours de phares. Dans les anses sont nichés des villages aux maisons basses d'un blanc éclatant, dominées par les minarets verts des mosquées. Plus tard des villes se profilent mordorées au lever de soleil. Porto Farina et le Cap Camart précédent l'arrivée dans le grand port de Tunis. Laurence est transportée par la vue de la colline antique de Byrsa et de la Cathédrale St Paul. La côte forme un écran de verdure parsemé de villas et de palais aux reflets nacrés. Vers midi les premières barques siciliennes escortent le navire vers le grand bassin portuaire. Il avance lentement entre les jetées le vent du nord- ouest soulevant des panaches d'écume au sommet des vagues. Un grand moment plus tard le paquebot accoste et les passagers descendent un par un sur l'étroite passerelle qui les conduit aux quais. Là des calèches attendent les passagers.

Pour Laurence et Calogero une nouvelle vie commence. Ils s'installent provisoirement chez des cousins dans le quartier sicilien, près des quais.

La Tunisie est devenue un Eldorado pour les migrants de toute l'Europe et surtout pour les italiens. Pour eux c'est le pays le plus proche, sa côte nord- est à moins de 300 kilomètres de l'extrémité sud -ouest de la Sicile. Le Bey de Tunisie dans un traité conclu avec le Royaume d'Italie a accordé en 1868 pour une durée de 28 ans un certain nombre d'avantages aux résidents italiens. Ils profitent de la création de consulats, d'écoles nationales et de postes italiennes. Les diplomates italiens obtiennent des concessions économiques comme le chemin de fer de la Goulette. Le problème est la rivalité avec la France qui a colonisé l'Algérie à l'ouest et n'apprécie pas l'extension territoriale italienne. Le résultat est l'occupation militaire française en Tunisie en 1881. Elle bloque les ambitions italiennes dans ce pays. La France installe un Protectorat sur la Tunisie avec l'accord tacite des autres puissances européennes, au grand dam de l'Italie. Mais l'entente se recrée en 1896 entre la France, la régence du Bey et le Royaume d'Italie par des conventions qui autorisent les personnels médicaux à exercer librement en Tunisie ainsi que le maintien de 23 écoles nationales italiennes fondées en 1868. Avant la première guerre mondiale la population de migrants italiens en Tunisie dépasse largement la population française.

En 1902 date du départ de Laurence et son époux, 5000 italiens immigrent en Tunisie chaque année. Ils sont souvent encouragés officiellement comme l'accord favorable du gouvernement italien qu'a reçu Calogero alors qu'il résidait encore à Castelvetrano, Rue Campobello, avec sa jeune épouse. Cette migration massive de siciliens en Tunisie dès 1901 est favorisée par un système spécial d'acquisition de terres par des bourgeois italiens. Ceux- ci y achètent des terres de superficie supérieure à 50 hectares et les allouent en parcelles de 5 hectares à des petits paysans migrants.

Les italiens excellent dans le secteur de la construction à côté de métiers qualifiés comme la médecine ou l'enseignement. Dans le Protectorat ils bâtissent pour tout le monde, musulmans, juifs et nouveaux résidents ainsi que pour eux-mêmes. Au début du 20ème siècle la moitié de Tunis appartient à des italiens. Les intérêts de la population italienne ainsi que des juifs et musulmans tunisiens sont gérés par des banques italiennes ou italo- françaises de Crédit en rapport étroit avec le Gouvernement italien. Le Royaume d'Italie encourage le sentiment « d'Italianité » en Tunisie. A côté des écoles italiennes sont créées des sociétés de sport et de bienfaisance et un Hôpital National subventionné par le Gouvernement italien. La colonie italienne à Tunis se rassemble régulièrement à la «Casa Del Dante », un centre de la société Culturelle Dante Aligheri, pour des manifestations nationales. Les migrants italiens lisent le journal national « l'Unione » qui les informe des événements politiques et sociaux dans leur patrie d'origine.

Laurence et Calogero ne se sentent pas trop perdus en arrivant à Tunis car ils ont quelques parents dans la cité et sont intégrés rapidement dans leur nouvelle vie à l'étranger. Leur hébergement n'est pas très luxueux dans le quartier de la Petite Sicile constitué de pavillons de plein- pied entourés de jardins potagers. Au départ la population ouvrière de la zone industrielle portuaire y avait construit des baraquements de fortune. Ce quartier au cours des années s'est densifié et rénové en une zone urbaine transitoire peuplée en majorité de siciliens en quête de travail. Calogero est très sociable. Il noue sans cesse des relations pour trouver des clients et construire leur maison. Il aime sortir et recevoir à l'opposé de l'austère Laurence. Son épouse préfère rester dans la petite maison partagée avec son frère Carmello et sa famille.

Pour le remuant Calogero la vie chez son beau-frère est pesante. Il rêve d'indépendance car son déracinement signifie aussi pour lui plus de liberté. Le destin lui sourit et il déniche un contrat de construction à Ferry ville, une ville fondée par les français au nord de Tunis dans le golfe de Bizerte. Les nouveaux immigrés quittent alors Tunis pour habiter un logement dans la concession coloniale à Ferry ville, qui deviendra Menzel Bourguiba à l'Indépendance. Le gouvernement français en 1897 a entrepris la construction d'un arsenal sur un site stratégique entre les lacs Ichkeul et Bizerte.

Une grande partie des terrains alentour appartiennent à la Société Immobilière Nord-Africaine et celle-ci y trace les plans d'une ville qui prend le nom de Ferryville en l'honneur du Ministre Jules Ferry qui est l'inspirateur du Protectorat français en Tunisie. La ville nouvelle se trouve à environ 60 kilomètres au nord de Tunis, à 20 kilomètres au sud de Bizerte et au bout de son lac. La plage de Guengla est proche et les collines de Sidi Yahya et Sidi Abdallah dominent la ville. Elle est bâtie selon un plan en damier avec de grandes places traversées par de larges avenues perpendiculaires ou diagonales. Ses rues sont larges et aérées. La construction de cités est commanditée par des sociétés immobilières qui produisent des appartements de deux à trois pièces mais aussi des immeubles d'un étage pour la clientèle aisée en bordure des artères principales de la ville. Il faut aussi doter Ferry ville de locaux de commerce à louer ou vendre et d'appartements de rapport. Une église, un hôtel et une école sont en chantier. Des villas de différents standards, isolées ou mitoyennes sont mises à la disposition des ingénieurs et fonctionnaires ainsi que des officiers de l'armée.

Calogero s'emploie à bâtir de grandes villas de style Art Déco en vogue chez les architectes italiens de l'époque et rêve déjà d'en construire une pour sa famille. Il a obtenu un logement de trois pièces dans la concession prévue pour accueillir 15 000 habitants. Entre 1900 et 1901 la ville est passée de 1200 à 7000 habitants. Elle est reliée à Tunis par une ligne ferroviaire achevée en 1894 qui passe par Tinja et se termine à Bizerte. Les voies de communication sont indispensables à la colonisation pour transporter troupes, matières premières et marchandises destinées à la population. L'armée française avait déjà fait construire des routes reliant Bizerte à Tunis via Mateur et Jedaida. Une route est construite pour accéder à Ferry ville alors en chantier. De nombreux ouvriers à l'Arsenal et à Ferryville résident à Tinja dans des cités ouvrières par une concertation de la Société immobilière Nord- Africaine avec les autorités locales pour réserver les quartiers du centre de Ferry ville à des activités commerciales et à des fonctionnaires plutôt qu'aux migrants italiens. Il y a aussi dès 1903 un tramway à traction animale, (puis motorisé à partir de 1920) assurant la liaison entre Tinja, Ferryville et son Arsenal alors que débute aussi la construction du tramway à Tunis.

Laurence se retrouve vite enceinte et accouche d'un gros garçon nommé Giovanni en novembre 1903. Un foyer se construit petit à petit pour ces siciliens de vieille souche qui ont quitté leurs parents et leurs êtres proches à Castelvetrano, se sont arrachés à leur milieu ancestral pour survivre, loin des émeutes paysannes, des séismes, des maffieux, des répressions policières ; les nombreux fléaux qui rongent la Sicile à cette époque. En 1907 une fille naît dans la famille, Marie- Ascension. Laurence est bien occupée avec sa maisonnée. Elle s'est installée dans sa destinée Outremer sans discuter car elle n'a pas imaginé autre chose que cette vie de dévouement et de foi catholique une vie dans l'ombre d'un mari flamboyant et ambitieux. Elle adore sa fille qui avec ses grands yeux bleu porcelaine et ses longs cheveux noirs promet d'être une beauté qui ravira bien des cœurs. Les jours de fêtes comme Noël, Pâques et le 15 août la famille au complet prend le train et rend visite aux cousins à Tunis. Ils assistent ensemble aux offices dans la cathédrale de Tunis nommée St Vincent de Paul et achevée en 1897 grâce au cardinal Lavigerie. Ce sont des occasions de porter leurs plus beaux atours et de retrouver un peu leur identité sicilienne dans une assemblée de compatriotes. Ils déjeunent en dégustant des plats de macaronis et des glaces aux citrons comme à Castelvetrano. Ensuite l'après-midi ils déambulent sur la promenade de la Marine rebaptisée Avenue Jules Ferry et s'assoient sur des bancs dans les parcs à la végétation luxuriante avant de reprendre le train de Tinja puis le tramway vers Ferry ville. C'est une vie somme toute tranquille et bien réglée. La population locale tunisienne affable de nature à cause des multiples occupations étrangères de son sol depuis l'antiquité accueille les siciliens comme les français, les maltes et les juifs et les intègre dans sa culture qui présente nombres de points communs avec celle de la Sicile, 300 kilomètres au nord-est.

Les enfants ne sont pas encore scolarisés dans la ville en chantier. Marie- Ascension est toute petite lorsqu'un second fils naît dans la maisonnée. Il se prénomme Albert. En 1909 le chantier de Ferryville étant presque achevé et le travail devenu plus rare pour Calogero la famille se déplace au Bardo, un quartier de Tunis en plein essor. La capitale du protectorat français s'étale et déborde de son site historique dans la Médina vers des banlieues nouvelles comme le Bardo, Carthage, La Goulette, La Marsa, Mégrine Rades, Ben Arous et Hammam Lif. Grâce au tramway fonctionnant dès 1908 les environs de Tunis voient apparaître des quartiers résidentiels où résident des familles européennes. Le Bardo à quatre kilomètres à l'ouest de Tunis devient une municipalité en 1909 bien que sa population soit faible, seulement 384 habitants. En novembre 1882 le Musée National du Bardo a été créé par décret du Bey dans une partie de l'ancien palais des Beys du Bardo. Il a été inauguré six ans plus tard en présence du Bey Ali III. Dans un environnement magnifique de jardins et de fontaines il renferme l'une des collections de mosaïques les plus riches du monde.

Palais du Bardo

La résidence du couple au Bardo est plus confortable, une maison individuelle avec un jardin ombragé par quelques palmiers. Calogero est un homme industrieux et débrouillard. Il réussit bien employant quelques ouvriers siciliens natifs comme lui de Memfi, associés à des manœuvres tunisiens. C'est un gros travailleur avide de réussir et de redorer par l'argent le blason de l'antique famille Di Stefano de Castelvetrano dont il a épousé une descendante. Non loin du Bardo il y a une Ecole primaire Royale pour les italiens. Il y a à cette époque treize écoles italiennes à Tunis. L'ainé des garçons Giovanni y est accompagné le matin par son père et y déjeune d'un plat chaud préparé par sa mère et conservé dans une boîte en métal. Il a très tôt le gout de l'étude et apprend vite les bases de la culture et de la littérature italienne. La famille s'est établie dans ce pays chaleureux mais au fond de son cœur Laurence est nostalgique de sa vie passée à Castelvetrano et de son clan familial. Elle garde ses distances avec sa servante indigène qui brosse et lave le linge dehors à la fontaine, accroupie durant des heures. Elle a peu d'amies et bien que jeune elle a déjà adopté une tenue austère, robe noire et cheveux nattés relevés sur la tête. Elle a un beau visage aux traits classiques un peu gâché par des lèvres dédaigneuses. Elle confectionne elle-même ses habits et ceux de ses trois enfants en achetant les étoffes dans les échoppes de la Médina de Tunis où elle se rend parfois avec son époux ou sa belle-sœur.

Elle n'est somme toute pas très fantaisiste mais c'est dans la norme des bonnes familles siciliennes pour les femmes de se retenir pour ne pas paraître frivole car cela fait mauvais genre. En 1912, à 29 ans elle met au monde sa deuxième fille Yolande- Cristina, un bébé aux traits fins, au teint pâle et aux yeux vert. Yolande devient très vite la préférée de Calogero, son petit trésor.

Mais le ciel s'assombrit en Italie car la première guerre mondiale se prépare et les tensions montent en Tunisie dans le Protectorat français.

En 1914 toute la famille retourne en Sicile, à Castelvetrano.

L'Italie bien que membre de la triple Alliance, (Triplice) un traité défensif avec l'Allemagne et l'Autriche –Hongrie, se rapproche de la France et du Royaume Uni dans les années qui précèdent la Grande Guerre. Elle est déçue de la reluctance de l'Autriche à lui accorder l'extension de son territoire à l'est vers le Trentin- Haut Adige, Trieste, l'Istrie et la Dalmatie. Son gouvernement conservateur dirigé par Antonio Salandra déclare peu avant la déclaration de guerre le 3 août 1914 que l'Italie gardera sa neutralité à cause du côté défensif du Traité d' Alliance si l'Autriche- Hongrie passe à l'attaque.

La vie à Castelvetrano dans la petite maison que possède la famille au cœur de la vieille ville est difficile en ces temps agités. Mais les oncles tantes et cousins sont là pour recevoir et rassurer Laurence et ses enfants. Elle poursuit ses visites journalières à l'Eglise Chiesa Madre où elle fait dire des messes pour ses cousins Di Stefano officiers dans l'armée italienne. Le 24 octobre 1914 le dernier enfant de Laurence, une fille, vient au monde au logis rue San Martino. Elle est appelée Mafalda- Joséphine. Ses frères à présent fréquentent l'école primaire de la Rue Ruggerro Settimo mais Marie- Ascension et Yolande encore dans la petite enfance restent avec leur mère. Celle-ci passe son temps absorbée dans d'interminables travaux de broderie et de couture comme la confection de grands couvre-lits en dentelle.

 Le Royaume d'Italie quitte la triple alliance le 3 mai 1915. Une condition secrète de son entrée en guerre a été signée en avril à

Londres par la promesse que le Vatican ne s'impliquera en aucune façon dans les pourparlers de paix. Les catholiques italiens suivant les directives papales ne participent plus à la marche du gouvernement depuis 1870, (« ni électeurs ni élus »). Mais les dissensions règnent au sein du gouvernement italien alors que Giovanni Giolitti et le Parlement s'opposent à l'engagement de l'Italie dans le conflit et que les Nationalistes manifestent pour son entrée en guerre. Finalement l'Italie entre en guerre le 23 mai 1915 soutenue par deux forces extra parlementaires, la Couronne qui approuve le Pacte de Londres et les Interventionnistes. Ensemble ils délégitiment l'Institution Parlementaire qui n'a pas eu le dessus.

En Sicile environ 400 000 conscrits sont mobilisés dans l'armée combattante italienne. Mais des milliers d'appelés prennent le maquis et deviennent des malfaiteurs pour survivre. Dans les campagnes siciliennes les vols de bestiaux augmentent et les prix du bétail et des volailles flambent à cause des besoins accrus en chevaux et en viande pour l'effort de guerre. Des conflits éclatent dans la population au sujet des locations d'exploitations et de la gestion des terres par les métayers et surtout de leur protection, l'un des piliers de l'assise maffieuse. La Sicile frise l'anarchie car la situation devient presque ingérable dans certaines régions.

Le 4 novembre 1918 les autrichiens se rendent aux italiens lors de la bataille de Vittorio Veneto. Pour les italiens après trois ans de sanglants combats c'est la fin de la guerre contre l'Autriche-Hongrie. L'Italie n'est pas satisfaite du traité de Versailles car elle considère que les Alliés n'ont pas respecté leurs promesses concernant l'attribution des territoires, promesses faites durant la guerre. En Italie le coût humain de la Grande Guerre est lourd. Plus de cinq millions et demi d'hommes ont été mobilisés, 650 000 sont morts, 947 000 ont été blessés et 600 000 disparus ou faits prisonniers. Mais le Royaume d'Italie a acquis le Trentin-Haut Adige, Trieste et l'Istrie, des régions à majorité italophones.

Durant l'après- guerre le royaume d'Italie est confronté à une profonde crise économique et sociale. Les tensions qui s'aggravent dans la population s'expriment d'abord par le *Bienno* Rosso (les valeurs rouges du communisme) et sa réaction, le fascisme. Mussolini apparaît dans ces années de crise et fonde le mouvement « *Fasci italiani di combattimento* », faisceaux italiens de combat à l'origine des termes fasciste et fascisme. Le mot *fasci* réfère à la Rome Antique. A cette époque les magistrats romains étaient précédés de gardes, les licteurs, chargés de ces faisceaux, un symbole d'autorité et de violence de la loi. D'autre part dans les années 1890 des paysans révolutionnaires italiens avaient nommé leurs mouvements et sociétés secrètes, *fasci*.

Cette idéologie apparaît en mars 1919 comme un mouvement décentralisé en réaction aux frustrations italiennes après leur « victoire mutilée ». Cela est dû à la tournure défavorable des négociations italiennes lors du Traité de Versailles au sujet des terres « irrédentes », (non délivrées) la Dalmatie, l'Istrie et Fiume-Riejka, dont les habitants parlent l'italien. A ce thème agité par les Nationalistes italiens s'ajoute la crainte du communisme en pleine expansion. Le fascisme devient un mouvement de nationalisme exalté d'un pays qui tente de retrouver « une puissance perdue, un empire perdu, un honneur perdu ». Il est soutenu par la plupart des artistes de l'époque (Gabriele d' Annunzio les Futuristes italiens).

De 1920 à 1921 le Ministre de la Guerre Ivanoe Bonomi dans le gouvernement Giolitti allié aux classes dirigeantes soutient les *fascio*, milices à présent pacifiées. Le populisme de Mussolini associé à la passivité de la population permet à la dictature de s'installer doucement, de la Marche sur Rome en 1922 à l'assassinat de Giacomo Matteotti en juin 1924. La déclaration de la Dictature et la promulgation des lois fascistes adviennent peu après, en 1926. Les fascistes définissent leur conception économique comme « une troisième voie » entre capitalisme et marxisme. Ils prônent une extension considérable du pouvoir gouvernemental et de son contrôle sur l'économie mais pas l'expropriation massive de la propriété des moyens de production. Le gouvernement nationalise les industries les plus importantes et favorise les investissements massifs de l'Etat. Des corporations puissantes se forment qui regroupent plusieurs entreprises d'un même secteur, le tout sous la houlette de l'Etat. Les prix sont contrôlés, ainsi que les salaires et autres plans économiques. Ils instituent une affectation des ressources dominée par la régulation de l'Etat, spécialement dans les domaines de la finance et des matières premières. Ils placent l'économie au service de l'Etat. En pratique le refus du capitalisme et du marxisme bolchevique se traduit au début par une politique fluctuante de l'économie. L'Italie doit affronter un déficit alimentaire dans tout le pays, ainsi qu'une population immense de paysans sans terres dans un pays à majorité rurale.

Mussolini dans ses discours glorifie la terre et son travail. Il promet des améliorations importantes des conditions de vie des paysans et le développement de mesures coûteuses pour faire décroître les importations alimentaires. Dans cette société rurale les propriétaires sont bénéficiaires de la politique fasciste. Car les conditions de vie des plus modestes paysans se dégradent sous la domination des milices fascistes employées comme gardes des grands propriétaires latifundiaires dans les désordres de l'après-guerre. Les bandes fascistes brisent les piquets de grève, incendient les locaux syndicaux et chassent des domaines occupés leurs occupants sans titres de propriété. Les principaux soutiens du fascisme naissant sont des grands propriétaires et par conséquent ils sont aussi les principaux bénéficiaires de sa politique agricole.

Pour la famille de Calogero c'est une époque difficile. Les propriétés des cousins et frères, plantées de citronniers et d'orangers sont placées sous la protection des milices qu'il faut payer grassement. Les maffieux tentent de prélever leur dîme sur les récoltes et les paysans sont sans cesse en révolte contre leur condition insupportable. Deux fils de Cristina Di Maio sont morts durant la grande guerre et elle-même ne parvient pas à surmonter son chagrin. Laurence se rend tous les jours dans la maison de son enfance pour prendre soin de sa mère et effectuer les travaux ménagers. Marie- Ascension, Yolande petite fille gracieuse et Mafalda bébé exubérant et criard l'accompagnent et jouent avec des poupées en chiffon transmises de mère en fille dans la famille. L'argent se fait rare, les contrats de construction sont limités avec la pénurie générale de l'après-guerre. Mais les invités continuent d'affluer chez Calogero qui a conservé ses manières féodales aidant les plus démunis de ses parents et dépensant en grand dîners pour épater les autres. En 1924 Mafalda à 10 ans témoigne d'un goût pour l'étude à l'instar de ses deux frères. A l'école primaire elle obtient de bonnes notes mais abuse d'un ton péremptoire à l'exemple de sa mère. Yolande la seconde fille est sage et réservée. Marie- Ascension une belle adolescente qui a rencontré son cousin Giuseppe Di Stefano dans la propriété de la grande tante Ermellinda est tombée amoureuse du grand garçon au visage fin. C'est l'âge tendre des rêves et des promesses non tenues. Un mariage n'est pas envisagé entre les deux familles car à cette époque Giuseppe n'a pas de fortune ni de métier. Il héritera beaucoup plus tard d'une tante très riche et sans descendance et deviendra le Baron Siaccia.

Calogero est résolu à s'expatrier à nouveau avec sa famille mais cette fois en Algérie, colonie française où de grands travaux sont entrepris autour de Constantine, au nord- est du pays. Un de ses amis lui a parlé d'une concession à acquérir dans la mine de cuivre de Boudjoudoun à 60 kilomètres au sud de Constantine. Pour cet homme aventureux tout est bon pour s'échapper de la Sicile rongée par la maffia et contrôlée d'une main de fer par le nouveau préfet de Trapani du régime de Mussolini, Cesare Mori.

En août 1914 Cesare Mori est devenu Préfet de Police adjoint de la ville de Trapani. Né en 1871 à Pavie en Lombardie il a passé la Grande Guerre à combattre les voleurs de bétail en envoyant en permanence des patrouilles de carabiniers à cheval sur l'ensemble de l'île. Il a fait parfois assiéger des villages pour obliger les fuyards à se rendre et les infiltre en se déguisant en moine. Il a quitté son poste en 1917 car il a été alors nommé à Turin. En Sicile les jeunes vétérans de la guerre sont retournés au pays. Pour la plupart issus de milieux traditionnels mafieux, ambitieux et aguerris par le conflit ils tentent de s'imposer au sein de la Maffia ou d'autres bandes autonomes. La violence et la corruption reprennent de plus belle en Sicile. Et d'un autre côté la jeune démocratie italienne divisée entre socialistes catholiques et nationalistes commence à se fissurer. Une crise économique d'une ampleur rare frappe l'île. Cesare Mori est de nouveau muté à Trapani où il restera jusqu'en octobre 1925. Il tente alors de revenir en politique en faisant jouer ses relations et déclarant son admiration pour Mussolini et la renaissance nationale fasciste. Un événement va aider à son retour en grâce. A l'époque le fascisme et la Sicile entretiennent des rapports tendus. Mussolini visite l'île pour se rendre compte de la situation et démontrer son autorité. Mais sa visite se passe mal. Car la Mafia exerce une influence antifasciste sur la population par la corruption. Atteint dans son amour –propre Mussolini déclare une guerre ouverte à la

Mafia. Et en octobre 1925 Cesare Mori est nommé Préfet de Palerme jusqu'à 1929, investi des pleins pouvoirs pour éradiquer la Mafia et tous les ennemis du Régime de Sicile. Dès ce moment il s'active à instaurer une politique répressive contre le grand banditisme et la Maffia en encourageant la délation et en faisant usage de la torture comme l'ingestion forcée d'huile de ricin. La répression fasciste permet aux magistrats et à la police de passer à l'offensive. A partir de 1926 de nombreux hommes « d'honneur » Maffiosi sont envoyés en prison avec ou sans jugement, condamnés à des peines très lourdes et leurs biens confisqués. Le reste de l'organisation est contraint de rentrer dans la clandestinité. Un grand nombre de Maffiosi, (500 environ) fuient alors vers les USA où ils se réorganisent sous le nom de « Cosa Nostra ».

Grâce aux nouveaux passeports et aux visas obtenus au Consulat de France à Trapani la famille de Calogero embarque pour l'Afrique du Nord en 1925. Elle stationne quelques jours à Tunis chez les cousins Di Maio puis c'est le grand départ pour l'Algérie. Le paquebot quitte Tunis pour se rendre à Bône, un grand port de l'est algérien. La jeune Mafalda regrette sa famille restée à Castelvetrano, son école et son tablier gris, les sorties du dimanche sur la plage près de Selenunte et la visite des grands temples grecs témoins de la gloire passée de la Sicile. Heureusement elle est proche de ses sœurs et le futur promis par son père promet d'être fastueux dans une Algérie devenue terre française en 1848 sous la Seconde République et divisée en trois départements depuis 1870. Dès l'arrivée en train à Constantine grâce à la ligne ferroviaire Bône- Guelma qui traverse la petite Kabylie Mafalda se réjouit de vivre dans cette belle région montagneuse. Laurence la mère est résignée à suivre et épauler son époux et se console de cette vie nomade en s'appuyant sur sa petite famille.

L' Algérie française d'alors accueille tous les européens mais à certaines conditions. Une loi en 1889 a imposé la nationalité française à tous les descendants d'européens qui résident dans le pays. Par contre en 1881 le Code de l'Indigénat a fait des musulmans des citoyens de seconde zone et son injustice sera à l'origine de nombreuses insurrections contre la puissance colonisatrice. La première Guerre Mondiale a aussi touché un grand nombre de musulmans en Algérie. En 1911 ils ont été astreints au Service Militaire. Durant la Grande Guerre 25 000 soldats musulmans sont morts sur les champs de bataille. En 1919 une réforme timide a offert une représentation par élection à un plus grand nombre de musulmans. Mais à l'arrivée de Mafalda à Constantine les ferments de l'insurrection algérienne existent déjà avec la Fondation à Paris de « l'Etoile Nord- Africaine » un parti séparatiste dirigé par Messali Hadj. Ce mouvement sera accusé de propagande et interdit en 1929.

La famille s'installe dans un appartement dans la Rue de France, dans le prolongement de la rue commerciale Caraman. Il se situe au centre de Constantine et la cathédrale est toute proche ainsi que la place Maréchal Foch.

La ville située sur un promontoire rocheux à environ 800 mètres d'altitude est séparée de la côte méditerranéenne et des ports de Philippeville et Bône par le massif de la petite Kabylie. Constantine a été conquise en 1837 par l'armée française après un siège d'un an. Depuis les colons de toute l'Europe y affluent. Les espagnols, italiens, maltais, allemands, belges, suisses et polonais s'y installent pour bâtir une nouvelle vie. Dès le début de la colonisation la ville a été partagée en deux grandes zones. Une ordonnance de 1844 a partagé le Rocher de Constantine en deux secteurs, l'un européen et l'autre musulman.

Le quartier indigène nommé Kasbah conserve son enchevêtrement irrégulier de ruelles et d'allées bordées de maisons basses autour de son bazar coloré. Il se serre entre le Boulevard de l'Abyme dominant les Gorges du Rummel et les casernes de l'Arsenal. Le quartier juif se situe à l'est avec la Rue Damrémont populaire et commerçante, la synagogue et plus loin le Lycée. Les juifs sont très nombreux et cohabitent harmonieusement avec les berbères mozabites et les arabes musulmans. Ils sont arrivés en Algérie à partir du 13ème siècle chassés d'Espagne à l'Inquisition et de Livourne en Italie entre la fin du 17ème siècle et le début du 18ème.

Le quartier européen s'est bâti à l'ouest avec des rues rectilignes orientées nord- sud. La ville créa sa première municipalité française en avril 1854. Mais elle rassemble des communautés diverses depuis des siècles à tel point que on l'a dénommé la Petite Jérusalem.

Depuis 1875 une caserne de Gendarmerie et un Hôpital Civil sécurisent la vie quotidienne des habitants de Constantine. De 1883 à 1886 ont été érigés le Lycée d' Aumale, la Préfecture. La Mairie a vu le jour en 1903 ainsi que la Grande Poste suivies par le Crédit Foncier en 1908. Les Ponts qui relient le Rocher de Constantine au monde extérieur sont d'une importance stratégique. En 1912 les ouvrages de Sidi Rachid et Sidi M'cid sont inaugurés, ce dernier reliant la Kasbah au nouvel Hôpital bâti sur l'autre rive du Rummel. La construction du Boulevard de l' Abyme qui longe la falaise ouest du Rocher est achevée en 1915. Le Palais de Justice est opérationnel en 1918. En 1925 la Banque d' Algérie est mise en place.

Lorsqu' arrive la famille de Mafalda toutes les structures sont en place pour mener une vie civilisée dans la grande ville si pittoresque, un carrefour de civilisations depuis l'Antiquité lorsqu'elle se nommait Cirta. Depuis lors huit civilisations l'ont occupée : numide-berbère, phénicienne, romaine, byzantine, arabe, turque, française. La colonisation européenne s'achève alors à Constantine avec la construction d'un dernier village aux alentours de la ville. Sa population atteint 50 000 habitants après la Grande Guerre dont environ 35 000 musulmans.

Les enfants de Laurence et Calogero ne tardent pas à intégrer les différentes écoles où ils vont apprendre le français. Marie-Ascension ne manifestant pas de disposition pour l'étude seconde sa mère dans la tenue de la maison. Elle est très belle et le soir assise à sa fenêtre elle joue de la guitare en attirant nombre de galants, notamment des officiers français qui la courtisent à distance au grand désespoir de son père. Yolande et Mafalda fréquentent une école secondaire pour filles au centre -ville et les deux garçons se perfectionnent au commerce et aux métiers de la banque dans un établissement privé. Laurence la mère est réfractaire à la langue française. Elle sort peu et vit dans son monde perdu, la Sicile.

Calogero en fréquentant les milieux d'entrepreneurs de la ville obtient très vite un marché de construction publique dans la concession des mines de cuivre argentifère de Boudjoudoun à 60 kilomètres au nord- ouest de Constantine et à 7 kilomètres d'El Milia. Le site des mines dans les montagnes abruptes de la Petite Kabylie se trouve à 800 mètres d'altitude et domine l'Oued

Rummel. Dans le passé il a découragé les prospecteurs et mineurs par son éloignement et son caractère sauvage, dépourvu de voies de communications. Mais en décembre 1919 la Société Anonyme des Mines de Boudjoudoun dont le siège social se trouve à Paris a été constituée par diverses personnalités. Elles ont obtenu peu après la concession du gisement. Il faut alors construire des logements pour le personnel, le bâtiment de la direction, les laveries pour le minerai ainsi que des câbles aériens pour relier la mine aux laveries et au système de flottaison. La SMB constituée par actions gère deux gisements voisins, l'un à Boudjoudoun pour le fer, l'argent et les métaux connexes et l'autre à Tissimiran pour le fer, le cuivre et les métaux adjoints. La prospection a débuté en 1921.

Calogero s'active dans le secteur prospection de 1925 à 1928. Sa fille Mafalda l'accompagne quelquefois fascinée par les galeries et le relief tourmenté du site. L'entrepreneur fait sans doute beaucoup de profit car dès 1928 il achève la construction de la villa de ses rêves, la villa Yolande dans une cité de colonisation à Sidi-Mabrouk à dix kilomètres de Constantine. Mais en novembre 1928 l'assemblée des actionnaires confirme l'abandon de la mine de cuivre de Boudjoudoun dont tout le matériel est presque liquidé. Les travaux de reconnaissance se poursuivent à Tissimiran. La mine de Boudjoudoun est déclarée non rentable et la SMB est liquidée en 1934.

Après cette entreprise aventureuse Calogero a eu le temps de rebondir en cherchant d'autres marchés de travaux publics. Il s'engage dans la construction du fameux ascenseur de Sidi M'Cid. Cet ouvrage audacieux partant d'un des tunnels du Boulevard de l'Abyme permet de rejoindre 200 mètres plus bas les piscines de Sidi M'Cid et le quartier du même nom sous la ville haute de Constantine. L'ascenseur est terminé et inauguré en 1934.

C'est un ouvrage impressionnant. La cabine fermant par une grille métallique parcourt une cheminée verticale creusée dans une falaise calcaire. A l'époque elle est surveillée par un employé muni d'un carnet de tickets. Son éclairage minimum, une seule ampoule électrique et sa propulsion rapide sont anxiogènes. Les enfants surtout ont très peur dans la descente de 200 mètres effectuée en 15 minutes, semblable à une chute verticale dans un puits sans fond. Des ouvertures creusées dans la paroi ne permettent que de rares aperçus sur la plaine ensoleillée du Rummel au pied des falaises. Dans les cas d'urgence un téléphone permet d'appeler à l'aide. A l'arrivée en bas un tunnel horizontal débouche sur les piscines d'eau tiède tant fréquentées par les constantinois à la belle saison. Le Pont des chutes achevé en 1925 se situe à quelques mètres de là.

Calogero est maintenant reconnu dans la communauté d'entrepreneurs de travaux publics de Constantine. En 1932 il postule pour obtenir la nationalité française ainsi que le prévoient les décrets de 1927. Il la demande aussi pour ses deux filles cadettes Yolande- Cristina et Mafalda -Joséphine. Cette démarche leur permettra un meilleur avenir dans la colonie française en pleine expansion. Entre temps Laurence toujours aussi digne et rigide est retournée quelque temps à Castelvetrano pour les obsèques de son père Vito Di Maio. Elle a fait tamponner son visa à Trapani à l'arrivée du bateau et regrette de moins en moins sa vie passée en Sicile où le Fascisme de Mussolini sévit de plus en plus poursuivant les juifs, les nobles et la maffia.

En 1926 les lois fascistes ont été promulguées et les partis autres que le parti fasciste interdits en Italie. Les députés de l'opposition sont déchus, la presse censurée. Une Police secrète l'OVRA (Organisation de Vigilance et de Répression de l'Antifascisme) est mise en place ainsi qu'un fichier de suspects politiques et un « Tribunal Spécial ». En 1929 la dictature du parti fasciste imprègne toute la société italienne. La vie culturelle seule est relativement libre à condition de ne pas critiquer le régime. Des milliers de Démocrates s'exilent pour échapper à la prison ou à la déportation sur des îles. Le Pape Pie XI signe les accords de Latran en 1929 avec l'Etat fasciste italien qui reconnaît officiellement l'Etat Pontifical du Vatican. Né à Castelvetrano le célèbre philosophe sicilien idéaliste et néo- hégélien Giovanni Gentile se décrit comme le philosophe du fascisme et rédige en 1932 une grande partie de « La doctrine du fascisme » pour le dictateur Benito Mussolini.

Laurence revient soulagée en Algérie, un pays où son époux lui assure une vie aisée en rapport avec ses origines nobles. Elle s'examine dans le miroir et aperçoit ses cheveux qui blanchissent. Elle a maigri et ses yeux sont cernés. Elle vieillit vite dans un pays encore peu équipé en infrastructures médicales et où le typhus, la peste, la tuberculose et le choléra font nombre de victimes dans les quartiers populeux de la Kasbah. Mais en Sicile de plus il y a des séismes fréquents comme dans le val Bellice en 1922 et les soubresauts de l'Etna n'en finissent pas de faire trembler les plaines côtières voisines.

En 1930 le Monument aux morts est érigé et inauguré en grande pompe ainsi que le Musée Cirta. Constantine s'étend avec de nouveaux quartiers européens comme l'arasement de la butte du Koudiat à l'ouest et le plateau Mansourah à l'est de l'autre côté du Pont Sidi Rachid. Le grand pont long de 447 mètres domine l'oued Rummel de 105 mètres.

Mafalda est satisfaite de sa vie et poursuit ses études de sténo dactylo comptable à l'école Pigier après avoir réussi au brevet élémentaire. C'est l'intellectuelle de la famille férue de lecture et rêvant d'émancipation de la femme. Elle joue très bien du piano et Calogero lui a offert un Gavot noir vernis qui trône dans la salle à manger. Elle collectionne les partitions classiques et malgré sa myopie et des lunettes de vue elle est coquette petite et menue et dotée d'une exubérance assez fatigante pour son entourage. Yolande est plutôt secrète et Marie- Ascension avec son côté théâtral arbore des costumes extravagants en jalousant un peu ses sœurs plus éduquées. Mais sa grande beauté attire de plus en plus de prétendants et finalement elle se marie dans les années 1930 avec Paul Hoffman un beau français d'origine alsacienne, commandant de zouaves à cheval. Ils ont très vite deux enfants, des garçons nommés Gilles et Guy. L'aîné des fils de Calogero lui aussi se marie et part travailler dans l'Oranais à Relizanne où il s'occupe de la branche locale de la Caisse Agricole. Albert le second est assez tranquille et ne souhaite que trouver un métier sûr dans la fonction publique ce qui lui permettra d'entretenir une famille.

Le destin sourit à cette famille d'immigrants ambitieux malgré les prémices d'évènements dérangeants pour la population cosmopolite des Constantinois. En août 1934 de grands travaux d'aménagement sont en cours sur la Place de la Brèche, la plus grande de la ville. Au même moment une dispute entre un zouave juif Eliaou Khalifa et un petit groupe de musulmans rassemblés dans la cour de la Mosquée Sidi Lakhdar provoque l'étincelle qui déclenche le Pogrom des juifs de Constantine. Certains disent que cette bagarre est inventée par des militants antisémites venus de France ou par des colons antisémites. La propagande anti juive influence un grand nombre d'habitants de milieux défavorisés, mécontents et pro arabes. Dans la nuit du 3 au 4 août 1934 des émeutes et attroupements se produisent dans le quartier juif avec des agressions dans des logements et sur des passants juifs. Des magasins juifs sont saccagés. L'armée et la police répriment sévèrement ces émeutes. On compte 15 blessés et un musulman tué. Dès le lendemain des personnalités juives et musulmanes s'activent dans leurs communautés à prêcher la modération. Monsieur Lellouche Président du Consistoire Juif, le Grand Rabbin Halimi et en face le Grand Mufti de Constantine Cheikh Ben Badis un grand réformiste religieux interviennent pour calmer les foules ainsi que le Docteur Bendjelloul Conseiller Général et chef du MN, (mouvement nationaliste) du constantinois.

Le 5 août la foule indigène afflue dans le quartier du Marché et de la Place des Galettes. Les hommes sont armés de couteaux et de matraques et certains ont des armes à feu interdites aux indigènes musulmans. Les rixes judéo musulmanes s'intensifient. Des habitants du Ghetto juif effrayés tirent des coups de feu depuis leurs fenêtres et les émeutiers dans la rue s'emportent. Ils incendient des magasins juifs et égorgent des familles jusque dans leurs maisons. Ils bloquent des voitures de juifs en fuite dans les grandes rues de Constantine. Les soldats et officiers français ont l'ordre de ne pas intervenir. A part quelques exceptions ils assistent en spectateurs au massacre car ils ont des armes sans cartouches. Le député- maire de Constantine Morinaud rentre d'urgence dans la ville et quelques heures plus tard fait distribuer des munitions aux troupes pour rétablir l'ordre. Le bilan est lourd. On décompte la mort de 28 juifs, pour la plupart des enfants des femmes et des vieillards. Il y a des dizaines de blessés et 1770 sinistrés dans leurs logis saccagés. Les habitants français et européens de Constantine se sont en majorité gardés d'intervenir sans doute par peur à part quelques constantinois musulmans ou français qui sont parvenus à cacher ou protéger leurs compatriotes juifs.

En règle générale dans ces années -là la menace des nazis et des fascistes s'accroît chaque jour en Europe et la vie en Algérie française ne fait que refléter cette discrimination contre les juifs.

En 1934 la piscine Olympique de Sidi M'cid est achevée. L'inauguration de la Place de la Brèche a lieu en 1937 couplée avec les cérémonies du Centenaire de la Prise de Constantine et comme invité d'honneur le Président de la République française Albert Lebrun.

En 1937 Mafalda conduit la voiture achetée en 1934 par son père bien- aimé pour se rendre sur ses chantiers .Un grand garage Citroën a été construit en 1933. La jeune femme éprouve à cette époque un amour platonique pour un beau médecin -lieutenant dans l'armée française. Elle rêve d'être infirmière et de témoigner dévouement et bravoure aux gens malades et dans la misère. C'est l'époque des romans plein d'idéaux où les héros et les héroïnes se dépassent dans des destins de sacrifice, l'amour toujours tabou ou malheureux. De plus dans cette société coloniale de castes il n'est pas séant pour les femmes européennes de fréquenter des indigènes musulmans et la lecture remplace souvent la réalité. La famille de Mafalda est conservatrice et très catholique. Mais le Prince Charmant de Mafalda ne fait pas exception à la règle de l'amour malheureux. Il attrape la tuberculose et décède quelque temps plus tard plongeant la jeune fille dans un désarroi profond car il était son premier amour.

Dès les beaux jours la famille s'entasse dans la voiture et parvient en quelques heures à Philippeville, un joli port doté de plages de sable clair. C'est l'occasion de grands pique- niques ou de sorties en canoé. Les routes ne sont pas bonnes sur les 100 kilomètres de distance et la traversée du massif de la petite Kabylie mais le piment de l'aventure est stimulant.

Les années passent et Mafalda obtient un emploi à dans la société de pneus Bergougnan, fière de ramener de l'argent à la maison. Elle se promène avec ses anciennes copines de collège dans la Rue Caraman ou sur la Place de la Brèche. Des salons de thé accueillent les « belle gente » car se montrer dans la bonne société est un devoir pour les jeunes filles de l'époque. Calogero après de bonnes années durant lesquelles il s'est enrichit rencontre ses premiers déboires dans son métier de bâtisseur. Il aime dépenser et recevoir et le train de vie de la maison est dur à assumer lorsqu'il n'obtient pas de marché public. Carmello le frère de Laurence habite à présent à Constantine et sa présence remonte le moral de sa sœur qui peut se confier à lui. Elle se fait du souci pour l'avenir de la famille.

6. Vie difficile de Mafalda et de sa famille durant la seconde guerre mondiale à Constantine 1939 -1945

La seconde guerre mondiale est déclarée en 1939 entre les forces de l'Axe et les Alliés dont fait partie la France. L'Italie membre de l'Axe et patrie d'origine de Calogero devient une puissance ennemie de la France. S'ensuivent des tensions dans les rapports intracommunautaires entre les colons français et italiens de Constantine. En même temps l'indépendantisme indigène se développe et en avril 1940 une foule de 20 000 personnes transforme les obsèques d'Abdelhamid Ben Badis en manifestation anti- colonialiste.

En octobre 1940 le Gouvernement de Vichy abroge le décret Crémieux en retirant aux juifs tous leurs droits à la citoyenneté française et en faisant d'eux à nouveau des indigènes comme leurs compatriotes musulmans. L'antisémitisme est persistant dans la société européenne d'Algérie. A la rentrée 1941 dans toute l'Algérie des milliers d'enfants juifs perdent l'accès à l'enseignement public, primaire, secondaire et professionnel. Des camps à vocations diverses sont ouverts dans le pays sous la garde d'anciens légionnaires d'obédience Nazi. Des soldats juifs algériens de la classe 1939 sont contraints à des travaux forcés.

Les restrictions alimentaires se multiplient et des cartes de rationnement sont mises en place à Constantine. Le marché noir fonctionne bien ainsi que le troc de produits de première nécessité. Le café laisse la place à du « jus de chaussettes », une mixture à base de chicorée ou d'orge grillés.

Calogero qui souffre de diabète et d'urée est usé par son métier d'entrepreneur qui l'envoie sur des terrains difficiles. Il obéit un jour à une idée lumineuse mais pas trop réfléchie. Il a inventé avec d'autres collègues une poudre de lessive et pour la promotionner il l'a fait distribuer dans toutes les boîtes aux lettres accessibles. Et il s'endette beaucoup pour mettre en place ce produit manufacturé mais pas vraiment testé. C'est un grand visionnaire mais parfois il n'a pas les pieds sur terre. Et le résultat ne se fait pas attendre. Quelques mois plus tard le produit se révèle défectueux et inutilisable. De plus avant le crash financier mondial de 1929 il a investi une partie de sa fortune dans des placements peu sûrs. Calogero est ruiné. Un beau jour Mafalda Joséphine rentre à la villa de Sidi Mabrouk et s'étonne de ne pas voir son piano dans le salon. Son père embarrassé lui avoue alors qu'il l'a vendu pour payer des dettes. La jeune femme est ulcérée de la traîtrise car ses sœurs ne sont pas privées de leurs objets de valeur. Elle cache sa déception et continue à travailler pour aider ses parents. La villa Yolande ne tarde pas à être vendue et la famille se retrouve à la case départ, un logement sombre dans le vieux quartier du centre- ville, Rue Sauzai. La guerre fait rage en Europe et chacun la vit en privations et craintes. Laurence ne peut plus se rendre en Sicile et se replie sur ses souvenirs et la nostalgie de sa ville natale. Elle est fragile de santé elle aussi. A une époque où la diététique n'existe pas, les aubergines, poivrons frits et boulettes de viande en sauce tomate qui forment l'ordinaire de la cuisine sicilienne lui engorgent lentement mais sûrement les artères. Les femmes de cette génération ne font pas de sport et sortent peu pour ne pas abîmer leur visage sous le soleil implacable de l'Afrique. Laurence est souvent victime de vertiges mais ne se plaint pas. Sa vie n'est que devoir et seules les prières à la Vierge de la Cathédrale l'apaisent et la réconfortent.

Le débarquement anglo-américain a lieu à Alger en novembre 1942. En juillet 1943 les troupes alliées sous les ordres du Général Eisenhower débarquent sur la côte sud-ouest de la Sicile. C'est l'opération Husky. Des troupes canadiennes prennent l'aéroport militaire de Castelvetrano. La ville natale de Mafalda -Joséphine est occupée par les forces Alliées. En Sicile Cristina Di Stefano veuve Di Maio et mère de Laurence est très âgée et endure avec les siens les privations de la guerre. Ensuite les américains installent au pouvoir en Sicile des Maffiosi car liés par les promesses faites aux membres de la Cosa Nostra vivant aux USA. Ceux-ci les ont aidés à débarquer grâce à la complicité de leurs parents restés en Sicile. Les troupes de Libération poursuivent leur avance vers le nord à travers la botte italienne. Le mouvement séparatiste sicilien dirigé par la Maffia fait alors régner la terreur dans l'ouest de l'île. La région est proche de la guerre civile. A Constantine Calogero et sa famille sont inquiets pour leurs parents restés à Castelvetrano, Memfi et Siaccia.

En 1943 en Algérie Ferhat Abbas présente aux Forces Alliés le Manifeste du Peuple Algérien réclamant l'égalité entre les communautés musulmane et européenne. En octobre près d'un an après le Débarquement allié en Afrique du Nord, le Comité de Libération Nationale redonne aux Juifs d'Algérie leurs droits politiques de citoyens. Le 12 décembre 1943 le Gouvernement Provisoire, (de la France Libre) du Général de Gaulle octroie la nationalité française à plusieurs dizaines de milliers de musulmans et leur promet des réformes. Mais l'idée de soustraire l'Algérie à la souveraineté française fait son chemin dans le camp des nationalistes indigènes.

Yolande- Cristina a trouvé un bon parti en la personne d'un jeune attaché de préfecture venant d'une famille de colons originaires de l'est de la France. Yolande est distinguée et sait recevoir. Elle n'est pas du tout féministe comme Mafalda. Elle se fiance et épouse Claude à la fin de la guerre. Elle habite alors dans le beau quartier de Bellevue sous la colline du Koudiat. Elle a hérité de sa mère le don de l'effacement au service de son mari et de sa famille .Elle collectionne les chats siamois de pedigree. Durant la guerre Marie-Ascension fait face à une tragédie. Son bel officier meurt du typhus pendant la campagne d'Afrique et elle se retrouve veuve avec deux garçonnets. Mais elle est débrouillarde et trouve vite un emploi de première vendeuse dans une boutique de prêt à porter chic, » Suzanne et Joe » dans la Rue Caraman. Elle est un peu neurasthénique et anorexique car elle déteste sa vie qui aurait pu mieux s'écouler. Pour mieux affronter les difficultés de la vie quotidienne durant la guerre la famille se regroupe au troisième étage de la Rue Sauzai chez Marie-Ascension. Le seul endroit agréable de ce logis de trois pièces dominé par les habitations voisines est une grande terrasse couverte de tommettes rouges qui occupe l'espace entre deux immeubles. Marie- Ascension est toujours habillée avec soin et aimerait peut-être se remarier car elle est encore très belle à 39 ans mais il lui faut s'occuper de ses enfants et de leur éducation. Elle perçoit une maigre pension de veuve de guerre qui lui permet juste de joindre les deux bouts.

Dans les rues du quartier arabe les marchands de beignets vendent des *zlabias* et des *calentica,* pâtisseries gorgées de miel. La famille effectue parfois des promenades en calèche entre l'Hôpital Civil et la rue Damrémont en traversant le Pont de Sidi M'cid. Ils se rendent aussi en autobus au Djebel Ouach à 12 kilomètres de la ville. Les quatre lacs enchâssés dans leur écran de pinèdes sont fréquentés par la population locale. Mais Mafalda et ses sœurs ne savent pas nager et se contentent de barboter jusqu'à la taille dans l'eau fraîche.

L'hygiène en ces temps- là est aléatoire et durant la saison chaude de mai à septembre des épidémies se propagent dans la population arabe qui vit dans la promiscuité. Une épidémie de typhoïde ravage le Constantinois en 1941. La pénicilline le savon et la poudre DDT contre les poux et les puces sont introuvables à cette époque. Les américains les apporteront plus tard lors de leur débarquement.

En été la chaleur est si accablante que Mafalda paye un porteur de glace dans un coin de la Halle pour acheminer de gros blocs jusqu'à l'appartement. On conserve la glace dans une lessiveuse en zinc enveloppée dans une couverture. La voiture de Calogero comme le reste de ses possessions de valeur a été vendue juste avant le début de la guerre. L'hiver 1944 est très froid et le petit poêle en faïence bleu qui ronfle doucement a du mal à réchauffer la salle de séjour. Les chambres sont humides et glaciales et des briques chaudes sont placées sous les couvertures pour adoucir la nuit. Mafalda attrape des engelures. Le temps a tourné à la neige et les rues sont verglacées.

Le 8 mai 1945 le régime Nazi tombe et l'Allemagne est vaincue. Les massacres de Sétif au sud de Constantine débutent au même moment. Les indigènes en révolte contre le pouvoir colonisateur sont réprimés de façon sanglante par le général Duval qui engage aussi l'aviation et la marine. En quelques semaines de 6000 à 8000 algériens sont tués ,45 000 d'après la mémoire collective algérienne. Cette révolte est un moment marquant dans l'histoire du Nationalisme Algérien. Elle s'étend dans tout le département de Constantine, à Guelma, Bône, Biskra, Batna et Constantine même. Elle cristallise plus d'un siècle de frustrations et d'humiliations à l'encontre du peuple algérien.

Ces évènements sont autant de mauvais présages pour la famille de Mafalda qui a déjà fui la Sicile fasciste. Ils sentent bien que la Paix n'est pas pour leur génération dans l'époque agitée qui précède la Décolonisation et l'Indépendance des anciens territoires européens.

Enfin c'est l'Armistice. La seconde guerre mondiale terminée Mafalda- Joséphine envisage sérieusement de trouver un mari et fonder une famille. Elle a déjà 31 ans et ne veut pas rester vieille fille avec ses parents à charge.

En 1946 Cristina née Di Stefano décède à Castelvetrano. Elle avait 84 ans et sa solidité lui avait permis de surmonter nombre d'épreuves comme la guerre et l'occupation alliée. Elle s'est s'éteinte sans que sa fille Laurence elle-même âgée de plus de 60 ans n'ait pu la revoir. Ses enfants et petits- enfants ne retourneront pas en Sicile. Ils font face à leur vie aléatoire dans l'Algérie française d'alors. A cette époque en Sicile le beau cousin de Mafalda, Giuseppe Di Stefano qui a hérité de la fortune de sa tante et du titre de baron Sciaccia est condamné par la Maffia à l'exil à Palerme dans un hôtel-palace. Il a tué un jeune homme accidentellement dans sa propriété, le jeune étant le fils d'un important Maffiosi. Le baron quitte lui aussi sa vie natale pour un destin romantique inspirant plus tard un roman et un film.

Palazzo Di Stefano à Castelvetrano Baron Giuseppe Di Stefano

En 1946 en Algérie Ferhat Abbas crée l'Union Démocrate du Manifeste Algérien, (UDMA) alors que Messali Hadj l'année suivante met en place le MTLD, Mouvement pour le Triomphe des Libertés Démocratiques. Ce mouvement est une organisation secrète (OS) armée d'un millier d'hommes, démantelée en 1950.

Un jour d'automne 1946 Mafalda est invitée par l'une de ses amies à se rendre à un thé dansant à l'hôtel Cirta, un ancien palais de Bey. C'est l'occasion de rencontrer des jeunes officiers et autres européens de la bonne société désireux de se marier. Mafalda est attirée par un gendarme français en uniforme de sortie avec gants blancs et képi. C'est un homme jeune et de bonne taille, bien bâti avec un village large et régulier, un bel homme dans le style classique. Il l'invite à déguster des pâtisseries et ils font connaissance. Il est en poste à la Garde Républicaine à la caserne Fourcade du Plateau Mansourah et il est âgé de 35 ans. Par la suite ils se rencontrent plusieurs fois accompagnées d'amies de Mafalda, au cinéma ou dans des kermesses à Sidi Mabrouk. Puis la jeune femme l'amène faire connaissance de ses parents Rue Sauzai. Il finit par déclarer sa flamme et demande Mafalda en mariage. Il avoue aussi qu'il est divorcé depuis peu. Il a deux enfants de son premier mariage vivant avec leur mère à Bône où réside aussi toute sa famille. Mafalda-Joséphine est décontenancée. Elle rêvait d'un mariage religieux dans une église avec une grande robe et un voile. Elle est encore très « fleur bleue » et ses lectures de midinette ne l'ont pas rendue réaliste. Mais ses sœurs sont mariées ou veuves et elle ne veut pas rester sur le carreau.

Elle accepte la proposition de Louis-Paul. Une longue enquête de l'armée porte sur le passé de Mafalda- Joséphine et de sa famille italienne. Son fiancé est un grand combattant de la Seconde guerre mondiale. Il a obtenu la croix de guerre et la médaille militaire. C'est ostensiblement un homme de mérite. Ils se marient en avril 1947 dans une simple cérémonie civile à Sidi Mabrouk. Mafalda porte un petit tailleur blanc et un chapeau léger. C'est l'après-guerre et tout se fait dans l'urgence.

Elle part habiter chez son époux dans un petit appartement confortable de la caserne Fourcade. Elle continue à travailler chez Bergougnan et fait des économies chaque mois lorsqu'elle touche son salaire. Elle a été traumatisée par les revers de fortune de son père et les privations de la guerre. Dans sa tête la seule idée est de mettre assez d'argent de côté pour faire face aux mauvais jours. Elle critique sans cesse sa sœur aînée qui vit dans la pénurie mais dépense beaucoup en toilettes. Mafalda-Joséphine est la fourmi alors que Marie-Ascension est une cigale empruntant de l'argent dès qu'elle le peut à sa famille, de l'argent qu'elle ne rembourse que rarement. Les mois passent dans cette nouvelle vie de femme de militaire français et Mafalda ne s'adapte pas très bien à la mentalité de caserne, parfois mal vue car on lui rappelle souvent qu'elle est italienne de naissance, un pays ennemi deux ans auparavant.

Le tremblement de terre d'août 1947 frappe la région en faisant de nombreuses victimes. La peur règne à Constantine mais les immeubles solides de la caserne du Mansourah résistent aux secousses.

Tous les algériens obtiennent le 20 septembre 1947 la nationalité française par la promulgation du Statut de l'Algérie. Mais cette égalité de principe est soumise à un double Collège électoral qui assure la sous-représentation « des Français Musulmans d'Algérie »

En 1948 Mafalda est enceinte. Elle s'arrête de travailler durant quelques mois puis héberge sa mère Laurence. Celle-ci pourra ainsi garder l'enfant à naître au domicile conjugal après le retour de sa fille à son poste de secrétaire comptable. Calogero est lui hébergé par sa fille aînée Marie- Ascension.

En mars 1948 un second séisme meurtrier frappe la région d'Oued Amimin où se trouve l'aérodrome de Constantine.

En octobre avec quinze jours de retard sur la date prévue et prénommée Annie, Cécile je nais à l'hôpital militaire Laveran de Constantine. Je serai l'unique produit de ces parents si différents. Mes premières heures sont difficiles avec des complications car le Rhésus de ma mère est négatif. Laurence ma grand-mère me garde à domicile jusqu'à son décès d'une crise cardiaque en 1951. Elle est retrouvée un matin morte paisiblement dans son lit. Elle ne m'a parlé qu'en italien durant les premières années de ma vie. Son époux Calogero atteint d'urée et de diabète décède quelques années plus tard chez sa fille aînée Marie- Ascension.

Laurence et moi Mafalda à la caserne à Bône avec moi bébé.

Mafalda tente plusieurs fois d'avoir d'autres enfants mais son rhésus négatif lui joue des tours et elle fait plusieurs fausses couches avant de renoncer. Elle poursuit sa vie peu assortie avec son militaire de mari et moi-même durant les évènements d'Algérie puis en France après l'Indépendance de la colonie en 1962. Elle rêvait d'un époux sociable et cultivé aimant voyager. Il n'est qu'un homme casanier aimant les bons repas et la nature. Il est intransigeant et sujet à de violentes colères mais il est droit et honnête. Ils ne sont pas à proprement parler des rapatriés sans ressources. Une mutation de Louis-Paul à Gap dans les Hautes Alpes puis un détachement d'un an dans la Garde Républicaine à Paris et l'achat d'une maison mitoyenne en bordure de l'étang de Berre grâce aux économies de Mafalda-Joséphine favorisent l'installation de la famille en métropole. Les époux ne se supportent plus beaucoup tout en étant inséparables surtout lorsque Louis retraité en 1964 revient vivre en permanence sous le toit conjugal. Mafalda qui lit de plus en plus de romans pour s'évader de son quotidien limité et entreprend le pèlerinage à Lourdes chaque année décède en octobre 1989 alors que je reviens juste du Tibet après une expédition d'alpinisme infructueuse sur l'arête nord de l'Everest. A presque 75 ans elle était victime d'un cancer généralisé dû à l'ingestion de poussière d'amiante respirée durant des années dans les bureaux et ateliers de pneus Bergougnan de Constantine où elle était employée.

A Lourdes 1986 moi Camp 3 arête nord Everest 7600m septembre 1989

Les autres membres de la famille sicilienne se sont dispersés dans les aléas du rapatriement en France. Marie- Ascension est morte à 92 ans dans une petite maison de la région parisienne achetée par son fils cadet. Celui-ci avait réussi à gravir tous les échelons dans un grand ministère français mais peu de temps après le décès de sa mère adorée il fut victime d'une attaque cérébrale fatale dans son bureau des Alpes Maritimes, à l'âge de 62 ans. Son frère aîné avait déjà été tué tragiquement dans un accident de scooter à l'âge de 19 ans à Constantine. Yolande-Cristina est morte elle aussi, depuis longtemps divorcée de son époux distingué alors que ses deux filles achevaient des études supérieures d'agrégation en anglais et philosophie. Le fils de Jean un retraité du Ministère des Finances est décédé récemment laissant une gentille veuve d'origine espagnole. Albert et ses enfants ne sont pas réapparus dans ma vie depuis mon adolescence.

Fin livre I

Bibliographie Livre 1. Les siciliens

1. Calogero et Angela Di Stefano 1848

Histoire de la Sicile. Wikipedia

Archives de Castelvetrano .Etat –Civil famille Di Stefano, Caimi, Parrino

Storia della famiglia Di Stefano de Monterosso Alma près de Raguse (Google)

Castelvetrano History Wikipedia

La Révolution de 1848 en Sicile Wikipedia

2 .Naissance de Cristina Di Stefano 5 octobre 1858

La réunification italienne Histoire de l' Italie Wikipedia

La Maffia Wikipedia

Cosa Nostra Wikipédia

3. 1883 Laurence fille de Cristina. 1902. Départ en Tunisie de Laurence, épouse de Calogero

Storia de Castelvetrano Google

Histoire de la Sicile Wikipedia

Histoire de l'Italie Wikipedia

Voyage d'études en Tunisie avril 1900 Université de Toronto Google

Italo –tunisiens Wikipedia

Italiens en Tunisie. Henry de Montety Google

Histoire de Menzel Bourguiba (Ferryville) Wikipedia .

La genèse de Ferryville selon Lucien Deyme Jean-Paul BRUCKERT Google

Histoire de Tunis Wikipedia

Pratiques urbaines dans les quartiers populaires de la ville coloniale de Tunis. Mestrado Erasmus Mundus EURMed – Estudos Urbanos em Regiões Mediterrânicas

Le tramway Tindja – Ferryville – Arsenal (TFA) publié par
menzelbourguiba-ex-ferryville.over-blog.fr
Le Bardo Wikipedia

4. Naissance de Mafalda -Joséphine en 1914 la première guerre mondiale et l'avènement du fascisme en Italie

La première guerre Mondiale. Histoire de l'Italie .Wikipedia.

Fascisme Wikipedia.

L'Italie Fasciste .Wikipedia

Cesare Mori, « le préfet de fer »-source :Rubettino, Soveria manelli(CZ)

Au cours de la période fasciste .www.masicile.com › Mafia en Sicile

5. 1925. La vie de Mafalda- Joséphine et de sa famille émigrée à Constantine en Algérie

Histoire de Constantine et de ses communautés   . Google
(http://www.constantine-hier aujourdhui.fr/LaVille/histoire.ht

 Site de Constantine .G:\La ville des ponts - Constantine.html.google

Mines de Boudjoudoun Académie des Sciences et Lettres de Montpellier 39 Séance du 14 février 2011
Colons en Algérie Histoire d'une famille ordinaire par Claude LAMBOLEY. Google

SOCIÉTÉ ANONYME DES MINES DE BOUDJOUDOUN (Omnium lyonnais et Mirabaud) HISTOIRE D'UN BIDE. En l'honneur de M. Steeg UNE MANIFESTATION IMPOSANTE (Les Annales coloniales, 19 janvier 1922)

Ascenseur de Sidi M'cid Constantine :http://www.constantine-hier-aujourdhui.fr/LaVille/quartiers/Vignettes/ascenceur_sidimcid.htm.Google

Pogrom contre les juifs de Constantine 1934

Sources : http://www.sefarad.org/publication/lm/028/leslie.html et Joëlle Allouch-Benayoun, « Les Emeutes de Constantine, 5 août 1934 », in Archives des Sciences sociales des religions, n° 126 (2004)

6. La vie de cette famille sicilienne à Constantine durant la seconde guerre mondiale jusqu'à 1946

La seconde guerre mondiale Wikipedia

Opération « Torch » Débarquement des forces alliées en Afrique du Nord en novembre 1942 Wikipedia

Débarquement des forces alliées en Sicile Juillet 1943 Opération Husky Wikipedia

Les émeutes de Sétif 1945 et le séparatisme algérien.

http://www.herodote.net/8_mai_1945-evenement-19450508.php

https://fr.wikipedia.org/wiki/Mouvement_national_algérien

Ferhat Abbas Wikipedia

7. L'après- guerre et la rencontre de Mafalda-Joséphine avec Louis- Paul en 1946

Statut juridique des indigènes d'Algérie 1947 Wikipedia

Principaux tremblements de terre en Algérie depuis 1365 Google

LIVRE II. LES ANCETRES FRANÇAIS DE GASCOGNE ET D'ALGERIE.

1 .Bourg Castral de Daubèze en Lomagne au sud d'Agen mai 1573

La famille Daubèze rassemblée sur le parvis de la place- forte entasse ses maigres possessions à l'arrière d'un charriot tiré par deux massifs bœufs de trait.

Il y a le père Pierre-François grand et osseux, vêtu d'un pourpoint en cuir usagé, sa jeune femme Domengine aux cheveux châtains tressés et au teint rosé, le ventre gonflé par une nouvelle maternité sous la camisole grise .Derrière suivent trois garçons d'âge variés de 3 à 14 ans et une fillette en pleurs, l'air anémié. Ils ne se retournent pas en quittant l'enceinte du château des seigneurs Daubèze car ils savent qu'ils ne le reverront plus.

L'homme est un cadet dans cette famille de nobles gascons dont l'aîné Jean -Pierre de Goth, seigneur Daubèze, comme avant lui les aînés de chaque génération, a reçu l'intégralité de l'héritage paternel transmis en uni-géniture , terres et biens. Il se doit de préserver cette maison illustre d'un démembrement qui la rayerait de la vie publique et des privilèges octroyés par les rois de France successifs envers leurs vassaux.

Dès le Moyen Age lorsque des coutumes avaient été accordées au Castrum Daubèze en 1272 par G. A. de Rovignan, les premiers cadets avaient bénéficié de la compassion des chefs de famille. Les aînés leur avaient cédé les incultes, des portions de forêts infestées de brigands dominant la vallée du Gers .Ils avaient défriché cette terre pauvre, développé l'élevage des bœufs de trait et coupé les arbres pour les vendre ou bâtir des demeures ou des églises comme celle construite au Bourg Castral, dédiée à Sainte Marie Madeleine.

Les actes qui instituaient les héritiers leur commandaient souvent de pourvoir à l'installation de leurs frères. Les seigneurs Daubèze avaient attribué des *fratrisca* et *parcella* à leurs cadets, (lots de terres). Il y eut ainsi quelques maisons- *filles* Daubèze dépourvues néanmoins du statut de maison noble pour éviter une lutte de pouvoir dans cette lignée relatée aux de Goth d' Albret une lignée qui donna aussi en 1305 le Pape Clément V, archevêque de Bordeaux.

Plus tard au 15ème siècle les seigneurs Daubèze en Bruilhois n'arrivèrent plus à garder tous leurs cadets sur les terres avoisinant le bourg castral. Une décision fut prise. Quelques membres de cette famille partirent et se regroupèrent en communautés dont le village de Daubèze en Aquitaine et le hameau Daubèze d' Escorneboeuf entre Auch et l'Isle Jourdain. Les communautés furent formées pour conserver le contrôle de la terre. Dans ces groupements des frères et des cousins s'associaient par simple accord verbal pour conserver le contrôle de leurs propriétés souvent basées sur l'indivision et composées de plusieurs maisons et des terrains avoisinants. Au cours du temps de plus en plus de cadets Daubèze se sont installés dans ces hameaux.

Ils y occupent différentes positions depuis celles de paysan et laboureur et même brassier (ouvrier agricole) à celles de colporteur, négociant ou meunier. Les aînés titrés restés au château sont devenus magistrats ou notaires. La famille qui part en cette belle journée de printemps du Bourg castral de Daubèze en Bruilhois va traverser la région vers l'est pour s'installer à Escorneboeuf près de l'Isle Jourdain. Sa première migration d'une petite centaine de kilomètres débute dans la tristesse et la crainte. La plaine d'Escorneboeuf est arrosée par la Marcaoue, la Gimone et le Sarrampion. Le village fait partie du Pays de Rivière-Verdun, ancienne paroisse du consulat de Gimont. C'est un pays de coteaux et vallons très arrosés sujets parfois à des inondations. Mais Pierre-François Daubèze encouragé par l'un de ses cousins déjà installé là-bas a décidé d'être meunier. A Daubèze près de Lamonjoie il n'y a plus d'avenir pour lui et les siens. Il a déjà vécu en 1548 la « révolte contre la gabelle », l'impôt sur le sel.

Cette insurrection donna lieu à une intense contrebande réprimée ensuite sévèrement. De nombreux éléments du clergé et de la noblesse s'impliquèrent dans cette fraude sur le sel et dans la contrebande qui s'ensuivit. La marchandise était entreposée dans des châteaux ou des lieux ecclésiastiques, monastères ou presbytères. Le coût d'un *muid de sel*, (la mesure de l'époque) variait ainsi de un à trois selon les régions. En 1549 une amnistie fut décrétée et la gabelle fut supprimée après de longues discussions, la Province de Guyenne et Gascogne rachetant l'imposition. En 1553 la Province a été déclarée pays « rédimé » et depuis le prix du sel y est très bas.

A cette époque aussi un grand nombre de calamités et de guerres ont touché le Royaume de France.

Depuis 1565 la France pays rural est soumise à des étés pourris et des hivers rigoureux. Les prix du blé sont en hausse. En 1566 une ordonnance a contraint chaque ville et chaque village à nourrir ses pauvres. Les errants sont pourchassés par les soldats et envoyés aux galères ou aux travaux forcés pour construire des fortifications.

De plus depuis le milieu du 16ème siècle le sud de la France est gagné par le Protestantisme et les guerres de Religion se succèdent entre des Edits de paix qui ne durent pas. L'une des causes profondes de ces guerres est l'ingérence des pays voisins qui fomentent des troubles pour affaiblir la France.

En 1557 la France a perdu la bataille de St Quentin et en 1559 elle a signé le traité de Cateau –Cambrésis, perdant sa suprématie au profit du royaume d'Espagne de Philippe II. L'Espagne et l'Angleterre ont offert leur support aux sujets rebelles pour abaisser le pouvoir de la France. La Reine d'Angleterre Elisabeth I soutient les Protestants et le Roi d'Espagne le clan des Guise, partisans d'un catholicisme intransigeant. Durant les huit guerres de religion qui vont agiter la France le royaume est divisé en deux clans soutenus financièrement et militairement par des pays étrangers engagés dans une *proxy -war* (guerre de proximité). A cette époque le Duché d'Aquitaine ou de Guyenne est devenu une Province française englobant le territoire de Gascogne. En Gascogne Auch et Pau sont des circonscriptions administratives Royales. La partie gasconne du Duché de Guyenne et Gascogne est formée de comtés, vicomtés et seigneuries. On y trouve le Comté de Lomagne, celui de l'Isle-Jourdain, le Vicomté de Brulhois, les enclaves gasconnes de la Jugerie de Rivière Verdun ; territoires ancestraux des Daubèze ou D'Aubèze qu'ils soient des aînés titrés ou de simples cadets.

Depuis 1560 la France est à nouveau plongée dans une Guerre de religion entre la Ligue Catholique et la Réforme. La Régente en décembre 1560 était Catherine de Médicis régnant au nom du jeune Charles IX, âgé de dix ans à la suite de la mort de François II. Elle a écarté les Guise du pouvoir et cherché à instaurer avec le chancelier Michel de l' Hospital un terrain d'entente entre catholiques et protestants. Ces derniers craignaient d'être exterminés. De plus une bulle du Pape Pie V ordonnant la croisade contre les Hérétiques a été enregistrée en 1568 au Parlement de Toulouse. Les armées de Catherine de Médicis avaient l'objectif de prendre les villes protestantes situées entre la Charente et la Dordogne. En 1572 la reine Elisabeth I d' Angleterre s'est alliée à la France contre l'Espagne. Mais dans la nuit du 23 au 24 août 1572 advint le Massacre de la Saint Barthélémy à Paris qui a fait des milliers de victimes chez les protestants.

En Juillet 1573 l'Edit de Boulogne ou Paix de la Rochelle remet en vigueur les clauses du traité d'Amboise et enlève aux Protestants Cognac et La Rochelle. Les protestants du sud de la France rejettent ce traité et continuent la lutte contre le Roi de France Charles IX.

Jeanne d' Albret fut de 1555 à 1572 Reine de Béarn- Navarre, une région voisine de la Gascogne. Elle était aussi l'un des chefs du parti de la Réforme. Lorsqu'elle est morte en 1572 son fils le Roi Henri de Navarre lui a succédé sur le trône de Navarre, échappant de justesse au massacre de la Saint Barthélémy. Plus tard il se convertira au catholicisme et deviendra Henry IV Roi de France.

En France s'instaure une sorte de République Protestante avec Nîmes et Montauban pour capitales et un grand port La Rochelle. En 1574 le Prince de Condé est choisi par les Protestants comme Gouverneur Général et protecteur des Eglises Réformées. Durant les guerres de religion l'autorité royale se réduit sans cesse face aux Gouverneurs des Provinces.

En mai 1573 quelques jours après avoir quitté le castrum de Lamontjoie, la petite famille de Pierre-François s'installe au hameau Daubèze qui regroupe quelques fermes et maisons basses. De part et d'autre des traverses et chemins de diligence des chaumières aux murs d'argile crue tapissés de glycines et de rosiers sont percées de petites fenêtres aux volets de bois plein. Dans les jardinets les murets des puits à large margelle sont gravés avec des cadrans solaires et des allées de buis ombragé conduisent aux champs et à la rivière voisine. Une maisonnette est octroyée à la famille, payée avec les économies de Pierre- François qui a travaillé quelques années comme charpentier chez son frère ainé au château de Daubèze en Lomagne. Ici n'y a que deux pièces, une grande salle commune où la famille dort dès la nuit venue et une étable. Tous s'éclairent avec une chandelle de résine fixée sous le manteau de cheminée par une pince en bois. Sa lumière fumeuse est très faible pour les femmes qui tissent les étoffes de bure autour du foyer. La fosse d'aisance se trouve dehors, un simple trou couvert de feuilles à l'intérieur d'une cahute en planches. Mais il y a de l'eau au puits, beaucoup d'eau et le moulin voisin en bordure de la Gimone est un gage de fortune pour ces migrants économiques d'un autre temps.

La vie quotidienne dans les campagnes gasconnes est très dure à cette époque. Il n'y a en général que deux repas par jour, le premier au lever avant le départ aux champs et le second, un dîner à la chandelle au crépuscule. Le pain est fait à la maison avec du blé l'été et de l'épeautre en hiver. L'essentiel du menu est constitué par de la soupe maigre (sans viande) du confit de porc le jeudi et le dimanche. Domengine utilise de la farine de blé noir, du gruau, des légumes tels que les raves, oignons, poireaux, fèves, courges et choux. Elle fait de la panée. La graisse, l'ail et l'oignon relèvent le goût des plats. Les œufs sont présents au menu, gobés cuits durs ou en omelettes variées. Des tranches de pain frit à la poêle sont trempées dans les omelettes. L'âtre sert de réchaud et de cuisinière. Une marmite est accrochée à la crémaillère pour cuire la soupe et les ragoûts. Des marmites à pieds posées sur les braises servent à mijoter les plats. Beaucoup de bois est nécessaire à la vie d'une famille tout au long de l'année. Il faut en couper pour se chauffer en hiver et pour l'entretien des habitations et des granges. La collecte du bois de chauffage se fait à l'occasion d'une corvée le jour de « tue cochon ». Les hommes du clan partent à l'aube et reviennent le soir pour la fête des « ripailles et tripailles ». La coupe du bois d'œuvre demande plus de soin car il ne faut pas faire éclater les arbres avant de les porter à la scierie la plus proche. D'autre part les enfants ramassent tous les jours du bois mort utilisé pour cuisiner.

Domengine secondée par sa fille Blasie utilise de nombreuses poteries comme les pots à eau et à lait, les cruches à huile, le broc à vin. Les veaux de l'unique vache sont vendus à la foire de l'Isle Jourdain le bourg voisin à 17 kilomètres d'Escorneboeuf. Il y a dans la basse-cour des poules pondeuses et des canards et des porcs que l'on engraisse avant de les saigner à l'occasion des grandes fêtes familiales ou religieuses.

Pour la vie quotidienne des vêtements sont nécessaires. Les hommes en possèdent deux. L'hiver ils se protègent avec une camisole en laine grise ou bleue et portent l'été une tunique en toile bleuâtre. L'une et l'autre sont fabriquées par le tisserand du village voisin avec la laine et le lin filés à la maison. Les sabots constituent la chaussure ordinaire. Pour les fêtes les époux portent des brodequins qu'ils gardent précieusement, ne les chaussant qu'en arrivant en ville avant leur entrée à l'église. Domengine aime se vêtir comme une dame avec un corselet noir en velours sur une camisole en bure, une grande jupe en lin sur un jupon blanc et un mouchoir de lin noué sur ses cheveux tressés en couronne.

Pierre- François débute dans sa nouvelle occupation armé d'une énergie à toute épreuve. Le moulin à eau a été abandonné, son propriétaire un lointain parent mort par accident, emporté par une crue soudaine. Il n'avait pas de descendance. Pierre- François et ses cousins le remettent en état. Ils rétablissent le coffrage de bois qui enferme les deux meules de pierre dont la plus basse est fixe. Ils arrangent l'arbre de transmission qui met en rotation la meule supérieure courante. Le coffrage de bois doit être en bon état pour empêcher la farine de s'échapper. Le grain est d'abord versé dans un gros entonnoir de bois carré supporté par le berceau, une pièce de bois. Le grain ressort dans l'ouvrage inférieur et tombe dans un godet mobile qui l'achemine par un trou entre les deux meules où il est broyé. Ensuite le grain devient mouture. Il est expulsé vers le bord des meules par la force centrifuge et grâce aux sillons creusés dans la pierre des meules. Le moulin est constitué par l'ensemble meule-entonnoir supporté par des poutres et des sommiers. La roue motrice du moulin peut varier suivant les lieux et circonstances. Elle est mise en rotation grâce à la force de l'eau lancée sur la tige courante nommée brochet. Cela entraine les meules directement par arrivée horizontale de l'eau de la Gimone dans le cas du moulin d'Escorneboeuf.

Pierre-François une fois le moulin remis en état s'active à moudre toutes sortes de céréales en réglant l'écartement entre les deux meules selon la taille des grains. Son travail dépend du débit de la rivière qui varie selon les saisons en considérant que les cours d'eau descendant des Pyrénées ont parfois un régime torrentiel. C'est aussi un travail exténuant lorsque les conditions sont optimums. Alors Pierre- François et ses deux fils aînés restent jour et nuit au moulin et surveillent les meules en permanence. Ils doivent prendre garde à ce que la farine ne chauffe pas trop car elle est inflammable et peut causer un incendie. La moindre négligence comme un oubli de remplissage des meules tournant alors à sec provoquerait des étincelles et risquerait de mettre le feu à tout le moulin à cause des poussières de farine et du bois des structures et du toit. Il y a un autre risque, la baisse de pression dans l'entonnoir qui se vide. Cela fait tomber le grain plus lentement et par conséquent la meule s'accélère. Pierre –François délègue à ses deux fils la surveillance de l'entonnoir verseur ou trémie. Dès l'âge de 12 ans ils sont conscients de l'urgence de remettre du grain à temps ou de débrayer la vitesse des meules. Il y a un risque permanent de doigt écrasé, de membre coupé par une courroie ou pire d'être happé dans l'appareillage à cause d'un vêtement accroché à un engrenage.

Ensuite le grain est prêt à être versé dans les lourds sacs de chanvre. Puis il faut les transporter jusqu'au lieu de stockage, un effort épuisant. Au plus fort de l'hiver Pierre-François et ses fils revêtent des pelisses fabriquées avec la peau des renards chassés dans les bois voisins. Les jours de gel ils restent au moulin pour surveiller la roue et le canal d'arrivée d'eau afin qu'ils ne soient pas pris par la glace. En été lors des orages ou de fortes pluies Pierre-François baisse les vannes pour éviter l'inondation et des dégâts au moulin. Il ne veut pas finir comme son parent emporté par le torrent en crue et il est prêt à s'enfuir à toutes jambes si l'eau monte trop vite dans la rivière.

Un moulin exige beaucoup d'entretien. Les meules s'usent et deviennent lisses après quelques semaines d'usage. Pierre- François les pique pour leur redonner du relief et redessiner leurs sillons. Toujours aidé de ses deux garçons il soulève la meule mobile à l'aide d'une potence et la retourne sur le sol pour exécuter cette opération de maintenance à l'aide de marteaux. Ce processus est long et minutieux, dangereux au moment de la dépose et de la repose de la meule qui pèse plus d'une tonne. De plus les pointes des marteaux envoient de petits éclats qui s'enfoncent dans la peau des mains de Pierre-François. Il finit par avoir les mains grêlées, un signe distinctif qui fait l'orgueil de la corporation des meuniers. Ceux- ci occupent dans la société rurale de l'époque une position stratégique.

Comme ses collègues Pierre-François se paie en nature et prélève environ 7% du grain moulu. D'autres meuniers alentour sont parfois accusés de vol ou de fraude car ils prélèvent souvent plus que leur dû. Mais Pierre-François est honnête. Dans cette société rurale du 16eme siècle les céréales occupent une place essentielle dans l'alimentation. Lorsque les prix montent trop à cause d'une mauvaise récolte nombre de familles sont affamées. Quelques meuniers sont alors tentés de vendre la farine au marché noir et au prix fort pour s'enrichir. Ces manœuvres étant interdites les meuniers « ripoux » sont surveillés de près par les autorités rurales ou urbaines.

En 1580 une violente épidémie de coqueluche s'étend dans les campagnes et la même année la peste touche à nouveau la Savoie puis Marseille en 1581. Les Daubèze perdent deux nouveaux- nés victimes de la coqueluche et un des garçons emporté par le croup ou diphtérie. Vers 1585 de nombreux décès sont causés par les maladies pleuropulmonaires. Les pluies de l'automne 1587 et les violents orages de l'été 1588 entraînent de mauvaises récoltes. La hausse des prix entraîne une disette qui persiste de 1590 à 1593 à cause des étés trop pluvieux, des inondations et des hivers durant lesquels le gel détruit cultures et vergers. La cellule familiale est touchée par ces malheurs récurrents et a tendance à se démembrer. Un cousin de Pierre-François a dû placer plusieurs de ses fils comme brassiers chez des fermiers de Lectoure. Il n'a gardé que son aîné âgé de 15 ans. Les cadets en ces temps difficiles veulent travailler dès qu'ils en ont l'âge et la force. Ils désirent être engagés comme domestiques chez leur père ou menacent de le quitter. Ils partent souvent pour échapper à la surveillance de leur père. Certains intègrent l'armée Royale et d'autres finissent comme brigands passant parfois des dizaines d'années au bagne de Rochefort. Les fils uniques ne sont pas enclins à s'installer avec leurs vieux parents. La solidité de la famille est mise à mal et la prospérité agricole qui est liée à la société rurale devient fluctuante.

2. Un cadet de Gascogne mousquetaire du Roi de France en 1620

L'instabilité sociale s'accroît avec les guerres de religion qui se poursuivent. Henri III Roi de France pour sauver son trône s'allie aux Protestants et à leur chef le Roi de Navarre. Les deux souverains assiègent Paris ensemble. Mais en 1589 Henri III est assassiné par un moine fanatique et Henri de Navarre chef des Réformés devient de fait le Roi de France Henri IV, converti au catholicisme par obligation. Les Protestants sont soutenus par la Reine d'Angleterre, Elisabeth I qui envoie de l'argent et par les Princes allemands qui fournissent des troupes.

En 1589 et 1590 Henri IV multiplie les opérations militaires près de Paris et en Normandie. Après la victoire d'Arques il assiège Paris. En 1598 la France et l'Espagne signent la paix de Vervins. Henri IV soumet à Nantes le Duc de Mercoeur et règle le problème Protestant par l'adoption de l'Edit de Nantes prônant la tolérance. Mais lui aussi est assassiné en 1610.

Des cadets de la Maison Daubèze en Bruilhois s'engagent plus tard dans l'armée du Roi Louis XIII. Ils deviennent mousquetaires. Quelques- uns survivent au hasard des grandes campagnes militaires entre les royaumes de France, d'Espagne et d'Angleterre. Ils sont insolents et bons vivants, téméraires et coureurs de jupons.

Mais Guillaumet est différent. Né en 1600 de Pierre- François et Domengine il est réservé et exigeant dans son art de la guerre. Catholique il a réagi à sa manière à l'emprise de la Réforme dans sa région, l'Isle Jourdain étant un fief protestant. De plus Guillaumet est bel homme avec une chevelure châtain bouclée et de grands yeux verts d'eau qui ensorcellent toutes les paysannes à la ronde. Il n'a pas voulu remplacer Pierre- François au moulin. Il possède un tempérament téméraire et valeureux qui le prédispose au maniement des armes. Et son frère cadet Jehannet a accepté de devenir meunier car il est assuré de bons revenus.

Guillaumet part pour Paris en 1618. Il va servir Louis XIII dans sa compagnie des Carabins. En 1611 le Roi Louis XIII a fait entrer ses gendarmes dans sa Maison militaire après être monté sur le trône de France en 1610 à la mort de son père. C'est un roi guerrier et il augmente la taille de sa Garde. Il fonde en 1616 le régiment des Gardes Suisses avec les vétérans de la garde de son père. Mais les rebellions protestantes s'étendent car les Réformés se méfient des projets royaux qui les concernent. L'ouest et le midi seuls sont touchés. En 1621 les Protestants se soulèvent dans la première des révoltes Huguenotes. Louis XIII effectue deux campagnes militaires dans le midi en 1621 et 1622. A cette date le Roi forme la Compagnie des 100 Mousquetaires, des soldats d'élite qui se distinguent des hommes du rang portant et chargeant les mousquets.

Ensuite les Protestants perdent 80 places fortes dont Montpellier, Millau, Nîmes, Castres et Uzès. Un nouveau soulèvement débute sans enthousiasme en 1625 en Languedoc, fomenté par Benjamin de Rohan, frère du chef des Protestants Henri II de Rohan. Il s'achève avec le Traité de Paris en 1626. La dernière grande révolte est appuyée par Charles I d' Angleterre de 1627 à 1629. La Rochelle est assiégée par les troupes du Roi de France d'août 1627 à octobre 1628. Guillaumet se bat en 1628 au Siège de la Rochelle. Le fief protestant est vaincu en présence de l'armée du royaume d'Angleterre qui ne livre pas bataille. Le Roi Louis XIII se rend à Privas en Languedoc en mai 1629. L'Edit de grâce d'Alès en juin 1629 pardonne aux révoltés, laisse leurs libertés religieuses aux Protestants comme il l'est prévu dans l'Edit de Nantes. Mais toutes les fortifications adverses doivent être détruites et les assemblées politiques Huguenotes sont interdites. Louis XIII déclare la guerre à l'Espagne en 1635. Guillaumet resté célibataire meurt plus tard au cours de la Guerre de Trente ans, durant le siège d'Arras.

Le fils cadet de Pierre-François et Domengine construit petit à petit son avenir à Escorneboeuf. Ce terroir est composé de *terrefort*, un sol alluvial et caillouteux au pied des coteaux. C'est une terre à blé riche mais souvent inondée ce qui crée des épizooties dommageables aux récoltes. Le nouveau meunier a six enfants dont quatre garçons. Trois survivent aux épidémies. Jehannet arrange sa maison et couvre le sol de la salle commune avec des dalles d'ardoise. Il travaille beaucoup car son père est malade et meurt en 1631 lors de la grande peste qui fait des ravages dans les villes et campagnes de France. Sa veuve Domengine le rejoint dans la tombe en 1634.

Les épidémies sont un fléau pour le Royaume de France. Il y a tant de victimes que certaines villes perdent un tiers de leur population. En ces temps –là aussi les récoltes de blé sont mauvaises avec un grain de qualité médiocre et de prix élevé. La colère des paysans crée des Jacqueries ou révoltes qui ciblent les offices d'octroi et les collecteurs d'impôts dans les zones rurales. Les pauvres paysans pillent les boulangeries mais aussi les greniers de marchands et les réserves de grands propriétaires. D'autres paysans sont contraints de vendre leurs terres à bas prix pour survivre. Des misérables s'amassent devant les aumônes organisées par les paroisses ou les maisons charitables. Les populations vivant sous la menace permanente de mauvaises récoltes sont victimes d'une insécurité physiologique car sous alimentées et donc la proie de nombreuses maladies. La mort est un évènement omniprésent dans les esprits et dans la réalité. La mortalité infantile est effrayante surtout entre les premiers mois et les premières années de la vie. Un adolescent qui survit aux calamités énoncées dans les prières peut espérer atteindre quarante ans. Il y a un grand nombre de veufs et de veuves ainsi que d'enfants orphelins de père ou de mère et les remariages sont une pratique courante. Il n'y a pas de remède efficace contre les épidémies et les fièvres communément dénommées « pestes » sont perçues comme un mystère effrayant, un signe de malédiction divine. Ce climat d'insécurité chronique est anxiogène pour les gens de l'époque. Les grandes peurs sont multiples car elles proviennent de personnes physiquement faibles, affamées luttant contre le froid face à une nature hostile et à des maladies sans remèdes. Les gens craignent la maladie et la mort mais aussi les animaux sauvages comme les loups et renards qui portent la rage et même les chiens enragés ou les cochons qui ont une mauvaise image de dévoreurs d'enfants. Les hommes ont aussi peur de leurs congénères surtout s'ils ont été marginalisés socialement comme les mendiants, lépreux, pestiférés, bohémiens et manants. Le manque de compréhension et de maîtrise des hommes face à leur environnement est source de peurs irrationnelles dans un monde paré de magie.

Mais la famille Daubèze survit à ces calamités, laborieuse et endurante, produisant assez d'enfants de génération en génération pour exister à la fin du siècle des Lumières, peu avant la Révolution de 1789.

4. 1787 Jean-Pierre tisserand à l'Isle Jourdain et la révolution française de 1789

Jean- Pierre âgé 40 ans ne vit pas à Escorneboeuf. Son grand-père Jacques- Bernard a quitté le hameau lorsqu'il n'était qu'un bébé emmailloté. C'était durant le « grand hiver polaire » 1709-1710. Un froid terrible de -20°c avait sévi sur la France du 6 janvier à la mi-mars gelant la plupart des grains de blé semés à l'automne ainsi que des arbres fruitiers, comme les noyers et pruniers. Ses arrières grand- parents n'arrivaient plus à vivre sur les terres souvent inondées et le moulin familial avait été repris par un cousin. Ils avaient vendu leurs champs et vergers et avaient acheté une propriété à Guillamons près de l'Isle- Jourdain, une bourgade voisine. Un de leurs frères Daubèze avait émigré aux Caraïbes pour y faire fortune. Il avait acheté une petite plantation de canne à sucre et avait un fils nommé Jammes. Mais ensuite on n'entendit plus parler de lui. Jean- Pierre a plusieurs enfants de deux mariages successifs car sa première femme Blanquine est morte en couches. La seconde Magdelaine est très jeune. Elle n'a que 18 ans, épousée deux ans plus tôt par le veuf qui a besoin d'une femme aimante pour élever ses autres enfants.

A cette époque les femmes mettent au monde un enfant tous les 15 mois mourant souvent de maladie avant l'âge de cinq ans. Dans chaque famille survivent en moyenne un ou deux enfants. Il n'y a aucun traitement contre les pestes, varioles et autres virus mortels, pas d'antibiotiques ni aspirine. L'eau de Javel a été inventée en 1775 par Claude Luis Bertholet et elle est bien utile pour désinfecter les hôpitaux mais elle n'est pas encore utilisée dans les maisons.

Les pluies de l'automne 1787 et les violents orages de l'été 1788 entrainent de mauvaises récoltes. La hausse des prix a causé une disette.

Jean Pierre vit dans la maison héritée de ses parents en lisière du Bourg de l'Isle Jourdain près de la Save. Elle est entourée de parcelles où il cultive du blé, de l'orge, du seigle et de l'épeautre. Il a aussi un beau verger de pruniers, cerisiers et pommiers ainsi qu'un terrain calcaire planté de vigne pour la consommation familiale de vin rouge. Une étable voisine abrite un couple de bœufs de labours et trois vaches qui donnent des veaux revendus à la foire annuelle. Il élève aussi des poules pondeuses d'une espèce renommée en Gascogne, des canards, des oies de gavage pour les confits et des dindons revendus avant Noël. Un ou deux porcelets sont engraissés dans une remise non loin de la maison nourris avec du son et des épluchures. Le fumier répandu sur le potager fait pousser de beaux légumes dans cette région au climat doux et au sol fertile. Une parcelle est cultivée avec du maïs appelé alors blé d'Espagne. Cette céréale introduite au 17eme siècle en France sécurise les paysans car elle leur permet de se nourrir en cas de mauvaise récolte de blé. De plus les grains de maïs servent à nourrir la basse-cour.

Dans ces régions du sud- ouest de la France les paysans pratiquent la polyculture avec des assolements triennaux et des jachères, (friches ou pâtures) pour permettre aux terres de conserver leur fertilité. Les récoltes sont soumises aux aléas climatiques. Des pluies automnales risquent de retarder les semailles de blé, celles de l'hiver ou du printemps peuvent pourrir les grains. Le vent d'Autan dessèche les épis et la sécheresse ou la grêle en été peuvent détruire les récoltes. Une fois les moissons terminées un sol durci par un manque de pluies est un problème pour les labours effectués à cette époque avec un soc de bois. De plus de nombreuses maladies frappent les céréales comme l'ergot du seigle un champignon toxique qui peut provoquer des empoisonnements avec des convulsions et pire des gangrènes causant la chute des doigts et des membres.

Mais Jean- Pierre ne se plaint pas. Il est en bonne santé et ne rechigne pas à la tâche. Il s'occupe de son métier à tisser dès le début de soirée avec sa seconde femme et ses filles aînées, les garçons occupés à nourrir les bêtes. Point d'école pour eux ; ils passent la journée aux champs à garder le bétail et à cultiver. La vie est si rude que le fait d'être lettré n'est qu'un rêve inaccessible réservé aux nantis et aux aînés titrés de la lignée Daubèze. Jean-Pierre reste pourtant proche de son cousin de la branche aînée, Jean-Joseph Daubèze de Castelferrus. Celui-ci possède un beau terroir au nord- ouest sur les coteaux calcaires qui dominent l'ancienne confluence de la Gimone et de la Garonne. C'est un homme de loi occupé par son cabinet d'avocat à Castelsarrasin. Il se fournit chez Jean-Pierre en toiles de lin et autres tissages de chanvre pour sa maisonnée. Le tisserand a depuis longtemps accepté que le partage successoral favorisant les aînés de maison noble défavorise les autres enfants car c'est une base ancestrale de la propriété féodale sous l'ancien Régime.

Le métier à tisser de Jean-Pierre est en bois. Sa femme et ses filles filent et préparent les trames. Le métier à tisser lui a été transmis par son grand- père qui l'avait fait construire à l'Isle Jourdain. Il a appris la technique par son père car cette formation se fait au sein de la famille. Il l'avait d'abord aidé à passer la chaîne dans les lames et les peignes avant d'apprendre à lancer la navette.

Dans la famille il y a aussi un rouet qui permet de transformer en fil la laine achetée à des cousins qui élèvent quelques moutons à Giscaro, un hameau proche d'Escorneboeuf. Les filles aînées sont responsables de l'opération.

Jean-Pierre s'occupe de traiter la toile brute obtenue par tissage pour obtenir une étoffe de bonne qualité. Celle –ci doit passer par trois stades. Le premier est la parure et le feutrage par lavage. Puis le foulage permet le battage du tissu dans de l'eau chargée en sable. Jean-Joseph a acquis un moulin à fouloir pour faciliter cette tâche épuisante. La troisième étape est la teinture appliquée au tissu. Il faut utiliser de l'urine de cheval mélangée à de la cendre pour fixer les couleurs et les rendre résistantes au lavage. A cette époque les couleurs sont naturelles. Le vert est rendu par le bouleau alors que la fougère est bonne pour obtenir du vert pâle. Pour le bleu on utilise du sureau, du brou de noix pour le noir et de la cochenille pour la teinte rouge. Le jaune est extrait du genêt.

Jean-Pierre file et tisse du lin mais aussi du chanvre, une matière moins raffinée et plus rugueuse mais très utilisée dans les campagnes pour les habits de tous les jours. Le chanvre constitue les caracos, camisoles, tabliers et jupons des femmes et les braies, chausses et chemises pour les hommes. On en fait des brassières pour les enfants. Filer du chanvre est plus délicat que filer du lin car les fils rugueux doivent être humidifiés en permanence. Le lin est cultivé par Jean-Pierre et ses enfants et il pousse dans un petit champ légué par sa défunte épouse Blanquine. Elle l'avait reçu en dot comme il est d'usage dans les maisonnées de posséder des parcelles cultivées avec du lin pour confectionner le trousseau des jeunes filles à marier. Mais le lin est planté dans des parcelles différentes de celles réservées au blé, une culture de survie à cette époque avant que le maïs et la pomme de terre ne fassent leur apparition dans l'agriculture française. Car le lin appauvrit les sols.

Les paysans le réservent à des terrains pentus ou difficiles d'accès et cela après les dernières gelées de printemps .Le lin est fauché en été lorsqu'il atteint un mètre de hauteur et il faut alors récolter les tiges et les transformer en fibres. Jean- Pierre aime travailler le lin. Tout d'abord il passe les bottes dans une planche à clous pour en enlever les graines. Puis durant quelques semaines il trempe les gerbes dans de l'eau stagnante pour faire éclater les tiges et les fendre aisément. Après cette étape nommée rouissage Jean-Pierre lave les fibres à l'eau claire dans le bassin en face la maison avant de les faire sécher. Il ne conserve que la partie ligneuse de la tige qu'il broie. Cette opération est appelée teillage. Les tiges les plus hautes servent au tissage et les autres à l'étoupe, une matière qui garnit les matelas.

Une quantité de fibre est tressée manuellement et enroulée sur la quenouille, une tige en bois placée sur le rouet pour filer le lin. Les bobines ainsi obtenues sont vendues par Magdelaine à la foire mensuelle et le reste sert aux filles aînées Blasie et Mariette à confectionner des étoffes pour la famille Daubèze.

En ce qui concerne les affaires du Royaume de France le petit-fils de Louis XV est au pouvoir depuis 1774. Louis XVI est un homme gauche et timide vivant dans une cour influencée par les intrigues et les clans. Sa politique est taxée de velléitaire car face aux pressions de sa cour il n'arrive pas à mettre en place des réformes destinées à combler la dette publique et le déficit budgétaire énorme.

En 1787 L'Edit de tolérance accorde l'Etat civil aux Protestants un fait très apprécié dans la région de l'Isle Jourdain où nombre d'habitants sont des Réformés. Mais un vent de révolution agite la France dès cette période. La monarchie n'arrive pas à réformer le régime fiscal pour moderniser la France. D'autre part une partie de la population aisée influencée par les idées des Philosophes des Lumières et des Economistes anglais réclame une Monarchie Parlementaire, la rationalisation des Institutions et la libéralisation du système économique archaïque. Quant aux paysans et aux ruraux ils se plaignent de dîmes abusives. Des dîmes sont souvent affermées et prises par des bourgeois au nom de leurs bénéficiaires privilégiés, évêchés, chanoines ou curés de paroisse dont les revenus sont retournés après une prise importante de bénéfices sur la vente des récoltes. Et les bourgeois concernés s'attirent la vindicte du clergé sur place. En Gascogne l'église est toujours à cette époque le représentant le plus efficace du pouvoir féodal. Le clergé vit de la dîme en nature prélevée sur toutes les terres le jour de la récolte et elle n'est pas soumise à dévaluation au contraire de l'argent. Cette taxe représente entre le 7eme et le 9eme de la récolte brute. Il arrive qu'elle provoque de la résistance de la part des paysans mais les curés vivant dans les campagnes sont là pour veiller à son prélèvement. Ils sont des piliers nécessaires à la communauté car ils servent les offices religieux mais aussi assurent la tenue de l'état civil, l'écriture publique en ces temps d'analphabétisme. Ils enseignent le catéchisme et éduquent les enfants. Et ils utilisent les dîmes en nature pour leur subsistance.

Entre 1781 et 1784 des révoltes contre une dîme supérieure à 1/10 se sont multipliées en Gascogne durant l'été et un fossé s'est creusé entre les paysans et le clergé.

Le 8 juin 1783 une catastrophe majeure a frappé l'Europe causée par l'éruption du volcan islandais Lakï. 20% de la population islandaise a été décimée par l'éruption. En France durant deux ans les décès ont été très importants. La nuée de cendres qui a envahi le ciel et stagné jusqu'à 1784 a fait écran au soleil et le froid a envahi de nombreux pays, un froid qui ne permit à aucune récolte de pousser correctement et qui a causé une grande et durable famine en Europe. La poussière acide recouvrit deux tiers de la France. Un train d'orages causés par les masses d'air chargées de cendres a ravagé les récoltes estivales. Tous ces évènements ont déstabilisé la population rurale française et l'ont entrainée dans la Révolution de 1989.

En 1789 la seconde femme de Jean- Pierre attend un enfant. Le 17 juillet elle se sent fatiguée, anxieuse du futur. Le ciel est orageux la chaleur oppressante et il n'y a pas un souffle d'air. En proie à de violentes douleurs dorsales Magdelaine se traîne dans le potager pour arracher quelques choux et préparer une soupe aux lardons. Elle est sans doute décalcifiée car l'usage du lait n'est pas courant en Gascogne à cette époque. La nourriture est peu abondante en ces temps-là et manque surtout de variété. Elle est à base de pain, de galettes de sarrasin et de pommes de terre et en général rien n'est salé. Le sel est redevenu une denrée de luxe, son prix équivalent à celui du sucre. Le pain est fabriqué dans des fours domestiques. La viande provient surtout des volailles et des lapins élevés sur place, du cochon tué une fois l'an, des produits de la chasse et du braconnage. Quelquefois une pièce de bœuf ou d'agneau est achetée à un agriculteur qui vient d'abattre une bête.

Magdelaine est effrayée par ce qui se passe à Paris aux dires des colporteurs qui transmettent les ragots et rumeurs diverses à travers le pays. En mai 1789 après la réunion des Etats- Généraux, les députés du Tiers- Etat ont réussi à mettre fin sans violence à la Monarchie Absolue avec l'aide d'une partie du Clergé et de la Noblesse. L'épouse de Jean-Pierre vient d'apprendre que la Bastille a été prise d'assaut le 14 juillet par les parisiens. Louis XVI le 17 juillet accepte les nouvelles institutions parisiennes nées de la Prise de la Bastille et le port de la cocarde tricolore.

Le pressentiment de Magdelaine se réalise fin juillet lorsque la Grande Peur agite les campagnes. C'est une révolte contre les droits féodaux.

Le 26 août Jean Pierre apprend par son parent de Castelferrus le vote de la Déclaration des Droits de l'Homme et du Citoyen. Il comprend que la société est en mutation car les citoyens deviennent égaux devant la loi et la résistance à l'oppression légitimée.

Castelferrus

Le château de Daubèze en Bruilhois terre d'origine des ancêtres Du Gout (ou de Goth) avait été acquis dans le passé par l'ancien ministre de la guerre de Louis XVI, Mr de Narbonne. Il est vendu durant la Révolution.

En octobre 1989 le Roi est forcé de revenir à Paris et la Monarchie Parlementaire semble avoir pris la place de la Monarchie Absolue.

Le 5 janvier 1790 naît Bernard Daubèze un gros garçon hurleur doté d'une épaisse chevelure noire. Il emplit la maisonnée d'animation. Magdelaine parvient à l'allaiter mais elle est faible et sa famille lui laisse garder la chambre quelque temps, la bourrant de confit d'oie et de soupe de pommes de terre, la plante originaire des Amériques acquise à la foire en 1788 et testée par Jean –Pierre pour aider sa famille à survivre aux disettes récurrentes.

De grands changements apparaissent sur le territoire français. Le 15 janvier 1790 l'Assemblée Constituante instaure une circonscription unique pour l'Administration, la Justice, la Religion et la Collecte des Impôts. Par cette décentralisation du domaine public naissent les 83 premiers départements français gérés par des Conseils Départementaux et divisés en Districts, Cantons et Communes. D'autre part une clause d'égalité de droit pour les Protestants et les Juifs consolide l'unité Nationale. Les douanes intérieures sont supprimées et de nouvelles unités décimales de poids et de mesures sont mises en place, valables sur tout le territoire français.

En juillet 1790 la constitution civile du Clergé est votée mais ce bouleversement majeur est dénié par la Papauté et divise le pays. Le Pape condamne ce changement ainsi que la déclaration des Droits de l'Homme et du Citoyen. A présent les évêques et les curés doivent prêter serment de fidélité à la Nation. Le monde rural soutient plutôt les prêtres réfractaires et les citadins eux prêtent serment de fidélité à la Nation. De nombreux nobles émigrent et constituent une armée réactionnaire qui se masse à la frontière allemande.

A l'Isle Jourdain le temps passe au rythme des saisons. Le dernier-né Bernard est débordant de vie et ravit ses frères et sœurs. Il marche très tôt dès fin 1790. La mère s'est rétablie mais ne veut plus d'enfants. Elle refuse le lit à son époux qui frustré « court la belle » dans les tavernes de Toulouse lorsqu'il va y vendre ses étoffes.

En 1791 une nouvelle Assemblée Législative est élue grâce à la première Constitution votée en France. Les corporations sont supprimées et les rassemblements paysans et ouvriers interdits affaiblissant ainsi les syndicats. A l'extérieur la guerre fait rage avec la Prusse. La France est envahie et la Monarchie tombe en août

1792. En septembre 1792 est proclamée la Première République française. L'avance de l'armée prussienne est stoppée à Valmy par de jeunes volontaires patriotes.

Pendant ce temps le jeune Bernard poursuit ses sœurs dans le jardin et n'obéit à personne. Il adore sa mère qui lui passe tous ses caprices. Son père qui a gagné de l'argent en vendant des étoffes de lin à des magasins de Toulouse fait agrandir la maison familiale. Il ajoute un atelier de tissage et rehausse d'un étage la salle commune en construisant un escalier et une soupente. Pour le moment c'est un grenier à foin mais il pense déjà à en faire un logis pour celui de ses fils qui une fois marié restera à la ferme avec sa progéniture.

En décembre 1792 débute à Paris le procès du Roi Louis XVI. Il est condamné à mort et exécuté le 21 janvier 1793. En février l'Europe monarchiste indignée par cet acte forme une coalition de guerre contre la Première République Française. Début juin 1793 les Girondins sont chassés par les radicaux Montagnards à l'Assemblée Constituante nommée aussi Convention. Les Montagnards forment un Gouvernement révolutionnaire dirigé par le Comité de Salut Public avec Robespierre comme chef. La « Terreur » envers les ennemis de la République et la « Vertu des Patriotes » règnent sur la France.

Jean- Pierre craint la « Levée en masse » décrétée le 23 août 1793 créant une conscription obligatoire pour les jeunes hommes célibataires. Car l'un de ses fils nés en 1773 est concerné et c'est justement celui qui le seconde dans son travail aux champs et à l'atelier de tissage. Il est aussi inquiet pour son cousin de Castel Ferrus car celui-ci est surveillé par les policiers chargés de mettre en place la Terreur. Mais l'autre est débrouillard et très apprécié dans son village. Il est soutenu par les paysans du coin car il les aide à régler leurs différends de fermage ou de métayage.

Toujours en 1793 des mesures sont prises par les députés pour améliorer les conditions de vie du peuple affamé. La spéculation est punie de peine de mort et des quotas maximum nationaux sont en place pour les grains, les farines, les denrées et les salaires. Les armées françaises repartent en guerre et les régions conquises deviennent de nouveaux départements français. Le 27 juillet 1794 Robespierre est exécuté. Il a été désavoué et renversé après avoir voulu renforcer la Terreur. Une nouvelle Constitution est formée par le Directoire et la Terreur prend fin. Mais en France l'insécurité est permanente et la misère du peuple très grande. A l'extérieur les conquêtes et annexions de l'Armée française se succèdent et grâce au système des « Républiques Sœurs » les frontières naturelles de la France sont dépassées en 1798. En novembre 1799 le Général Napoléon Bonaparte met fin au Directoire par un coup d'Etat. Dès son arrivée au Pouvoir Bonaparte met en place le Consulat.

A l'Isle Jourdain la Révolution se passe comme partout en Gascogne sans trop influencer la vie quotidienne des habitants .Elle ne modifie pas les conditions de travail, de salaire ni les usages et obligations qui lient les métayers et les domestiques à leurs maîtres. Cette population rurale est au début du 19eme siècle à l'abri des famines avec assez de farine de blé pour faire du pain, du maïs pour les gâteaux et nourrir la basse-cour. Toutes les variétés de viande y sont présentes ainsi qu'une grande variété de légumes et de fruits et il y a du vin rouge et des confits d'oie pour faire la fête. Et Bernard Daubèze, fils de Jean –Pierre et Magdelaine grandit sans problèmes durant cette mutation majeure de la société française de la féodalité vers la modernité.

Les temps ont bien changé et la ferme de Jean- Pierre s'est transformée. Il y a maintenant une petite cuisine dont le sol est couvert d'ardoises des Pyrénées. Il n'y a pas l'eau courante à cette époque, juste une fontaine à pompe qui alimente un grand bassin dans la cour de la ferme. Un fourneau avec un tuyau d'évacuation dans le mur vers l'extérieur occupe un angle de la salle. La soupente forme un petit logis de deux chambres avec de grands lits en noyer pour le fils ainé de Jean- Pierre, sa bru et ses deux jeunes enfants. Magdelaine en prenant de l'âge est devenue pâle et maigre. Elle a hérité de couverts en argent et de plats en faïence d'une parente lointaine aisée. Mais surtout la salle commune s'est transformée en salle à manger avec un grand pétrin, un vaisselier. Le père a fabriqué une table rectangulaire en noyer poli avec des rallonges pour les fêtes de famille. Des bancs la bordent de chaque côté. Une haute cheminée avec un plateau en dalle de schiste gris permet de la chauffer facilement.

L'éclairage est encore très succinct. Les chandelles de suif ou les lampes à graisse avec mèche de chanvre trempée dans l'huile sont d'usage. Magdelaine en possède une très jolie fermée par 4 vitres colorées. Mais les allumettes à friction n'existent pas encore, elles apparaitront vers 1820. Il faut garder la braise sous la cendre le soir pour faire repartir le feu le lendemain à l'aube. Il est préférable de bien s'entendre entre voisins car souvent il faut transporter les braises d'une maison à l'autre.

Jean-Pierre aidé de l'un de ses fils charpentier a entrepris la construction d'un bâtiment voisin de l'autre côté de la cour pour que Bernard s'y installe avec sa future famille. Il n'y aura jamais assez de bras pour s'occuper de la ferme, des champs et de l'atelier de tissage. Les filles ainées mariées sont déjà parties et habitent un peu plus loin dans la bourgade. Les noces de Bernard avec Jeanne-Marie sont prévues en fin d'été et les repas se passeront dans le jardin sous les treilles de vigne et les cerisiers noueux. Le mariage dans le monde rural de l'époque est soumis à des règles fixes. Chaque jour de la semaine contribue à son bon déroulement. Le lundi est réservé aux préparatifs. Les noces durent ensuite trois jours, mardi, mercredi et jeudi. Le vendredi jour de carême est exclu de toute fête. Un contrat est signé devant notaire lorsque les familles ont des biens car se marier constitue le moment le plus important de la vie. Cet évènement conditionne toute l'existence à une époque où le divorce est inconnu ou très rare. Le mariage permet aussi de s'évader de la dureté du quotidien en faisant la fête et en dépensant sans compter. Mais les parents se doivent avant tout de trouver de bons partis pour leurs enfants. Les foires ou les cérémonies religieuses sont l'occasion de se regrouper et de les repérer en dehors des mariages entre cousins à l'intérieur des familles. Un bon parti doit correspondre à la condition sociale du demandant, ni supérieure car cela serait jugé prétentieux ou inférieure, car cela serait taxé de mésalliance. Les mariages d'amour n'existent que dans les contes. Dans ce milieu rural où les fermes sont parfois isolées le personnage- clé est l'entremetteur, (l'ancêtre du club de rencontre). Il ou elle dirige la négociation et renseigne les familles sur la moralité et l'état des fortunes. Les entremetteurs sont souvent des gens de passage comme le tailleur qui se rend d'une ferme à l'autre en passant plusieurs jours dans chacune d'elles et en participant à la vie de la famille. Quelquefois aussi ce sont des mendiants bien informés qui reviennent souvent quémander dans les mêmes foyers.

Les noces de Bernard et Jeanne Marie débutent le 17 septembre 1812 par « la fête de l'armoire ». Le meuble qui fait partie de la dot constituée par la famille Escalas pour leur fille est transporté par un joyeux cortège jusqu'à la maison où habitera la jeune mariée. Un long palabre ponctué de refus successifs forme un rituel qui précède l'agrément et l'entrée de l'armoire dans la maison. Le 18 septembre a lieu le mariage civil. Au mariage religieux les invités sont en grand nombre. Les familles affluent car Jean-Pierre n'a oublié personne, oncles, tantes, cousins, cousines, de crainte de fâcheries durables. Tous les voisins sont de la partie en reconnaissance des nombreux services rendus. Les notables sont là aussi, qui mettent leur point d'honneur à être présents. Le cousin de Jean -Pierre notable à Castel Ferrus est venu avec son épouse dans son landau tiré par un cheval blanc. Les frères ainés de Bernard sont garçons d'honneur et veillent à tout avec les parents. Ils rassemblent les cavaliers et cavalières et font en sorte que chacun ait assez à boire. Le cortège démarre enfin de la maison de la mariée, précédé des sonneurs. Les invités parviennent à l'église à pied ou en char à banc pour ceux qui en ont les moyens. Chacun a revêtu ses plus beaux habits. En fin de matinée la messe a lieu dans un grand concert de cloches à l'église de l'Isle- Jourdain. Ensuite le cortège se dirige vers la ferme de Jean-Pierre et entre dans le jardin près de la grange pour profiter du repas. Des tréteaux et bancs placés à l'ombre des cerisiers attendent les invités. A la table d'honneur sont assis les mariés, parents, parrains et marraines, propriétaires terriens. Nombre d'invités ont apporté leur contribution en espèces ou en nature. Certains offrent des confits d'oie, d'autres des jambons ou encore quelques bouteilles d'Armagnac. Au menu du repas figure d'abord une soupe, suivie de rôtis de boeuf accompagnés de pommes de terre gratinées avec en dessert des tartes aux prunes et aux cerises. Le vin du Gers circule et les verres sont emplis en permanence. On récite des grâces à la fin du festin. Il est possible de danser car c'est toléré par l'église à l'occasion des mariages sauf pour les danses de promiscuité qui excitent les tempéraments. La nuit de noces à la fin du quatrième jour de festin permet aux mariés de se rapprocher. Car les trois premières nuits sont réservées respectivement à Jésus, Marie et Joseph, donc tenues d'être chastes. Mais peut-être le quatrième jour est-il juste un choix judicieux car le marié n'est pas en état les soirs précédents après des festins lourdement alcoolisés. Il y a ensuite un « retour de noces » qui réunit les proches parents des mariés. Le troisième jour les mendiants qui viennent finir les restes sont bien accueillis.

Les Daubèze et leurs invités ne se soucient guère de l'état de la France sous le Premier Empire de Napoléon- Bonaparte car ils sont trop occupés par leur vie quotidienne dans leur terroir gascon faisant partie depuis 1790 du département du Gers.

Napoléon Bonaparte a été proclamé Empereur des Français le 18 mai 1804. Depuis lors il est engagé dans la conquête de nombreux pays pour étendre son pouvoir. La belligérance est une des caractéristiques principales du Premier empire, un système politique inédit en France. Les guerres napoléoniennes durant lesquelles la France affronte successivement cinq coalitions de 1805 à 1815 vont permettre à Napoléon de conquérir la majeure partie de l'Europe Continentale sauf la Scandinavie et la région ottomane des Balkans. A l'apogée de son pouvoir en 1812 l'empereur contrôle un territoire qui s'étend de Lisbonne à l'ouest à Moscou à l'est. Mais il a connu des difficultés familiales. En décembre 1809 il a divorcé d'avec Joséphine de Beauharnais car elle ne lui a pas donné de descendance. Il a épousé peu après, début avril 1810 Marie-Louise fille de François Ier d'Autriche. Il a eu un fils nommé « Roi de Rome » le 20 mars 1811. A l'étranger Napoléon a attaqué la Russie le 25 juin 1812. Au moment des noces gersoises l'armée de

Napoléon Ier lance la bataille de la Moskova du 5 au 7 septembre. Son armée prend Moscou le 14 septembre. Mais elle ne tient pas et endure la retraite de Russie dès le 19 octobre 1812. Les troupes napoléoniennes subissent ensuite une cuisante défaite au passage du fleuve Bérézina du 26 au 28 novembre 1812.

Bernard Daubèze est un grand gaillard énergique et bon vivant. Il ne se contente pas du métier de laboureur près de son père et le tissage ne l'intéresse pas. Il a appris à construire des charpentes avec son frère aîné et grimpe sur les toits avec agilité. Il loue ses services aux fermiers de la région lorsqu'ils désirent construire des granges ou des étables. Il a besoin de se dépenser. Sa jeune femme Jeanne-Marie est très belle, une brune svelte au teint mat avec de larges yeux noirs en amande hérités d'un ancêtre espagnol qui migra jadis vers Lannemezan de ce côté-ci des Pyrénées. Elle a du caractère et ne se laisse pas faire par sa belle-mère Magdelaine. Celle- ci aimerait être plus secondée pour les tâches communes de la maisonnée comme la lessive ou les semailles.

Dans les campagnes les femmes font la lessive un jour par mois et n'utilisent que rarement le savon un produit très couteux. Magdelaine utilise les cendres du foyer riches en carbonate et phosphate de potasse. Le linge sale est placé dans un grand cuvier en bois et on le fait bouillir. Puis les femmes et les filles le transportent au bassin dans la cour ou au ruisseau voisin pour le rincer. La tâche est fatigante avec le transport du linge lourd et mouillé, son battage et le séchage final accroché à des branches d'arbre dans le verger.

Les semailles dans les parcelles de blé ou de maïs constituent une autre corvée féminine et s'effectuent avant les pluies d'automne, vers le début d'octobre. Jeanne-Marie préfère la plantation des vignes car elle est suivie d'un repas de fête. C'est une corvée de groupe qui lui permet de rencontrer ses proches dans une ambiance gaie. Tout le voisinage y participe. Il faut défoncer la terre très profondément avant d'y déposer les plants de vigne. On trempe les jeunes racines dans de la bouse de vache pour les fortifier. Chacun est occupé à une tâche comme trouer, écraser les mottes et les recouvrir.

La jolie gasconne est douée pour confectionner de belles robes. Elle a appris la couture avec sa mère qui possédait une machine à pédale. En ces temps de mutation sociale la mode arrive jusque dans les fermes grâce aux tailleurs et colporteurs. Certains montrent aux paysannes des revues de la mode parisienne pour leur donner des idées. Dans cette société prude et religieuse les robes descendent jusqu'aux pieds et les corsages sont boutonnées jusqu'au cou. Le principal ornement est le chapeau porté à la grand-messe du dimanche. La réputation de Jeanne-Marie s'est étendue aux campagnes environnantes. Les femmes ne tardent pas à lui commander leurs atours de fête d'autant plus qu'elle sait innover avec peu de moyens. Dans la vie de tous les jours les paysannes portent le cotillon en droguet, (une étoffe basique de laine et chanvre) et une jupe large froncée à la taille. Elles ajoutent un corsage rentré ou dessus qui prend bien la taille et s'ajuste sur le buste avec des longues manches étroites. Le tablier est coquet, large et noué au niveau de la taille, dans le dos ou sur le devant. Il est en satinette foncée imprimé de fleurettes blanches et comporte deux grandes poches. En guise de sous-vêtements les femmes portent une chemise longue, un cache-corset en toile blanche serré qui tient la poitrine. Elles ignorent la culotte mais utilisent des bas tricotés. La plupart font de la dentelle au crochet ou à l'aiguille en ornement de leurs jupons. Les tabliers sont brodés. Les cols de dentelle et les chemises d'hommes sont amidonnés. Le coton apparaît dans les vêtements vers le début du 19ème siècle. Lorsqu'elles sont invitées à une noce toutes les jeunes filles même peu fortunées ont besoin de deux costumes, un pour le jour et l'autre pour la soirée.

Jeanne-Marie n'attend toujours pas d'enfant fin 1815 car elle a fait plusieurs fausses couches et Bernard désespère de ne pas avoir de fils.

Il est inquiet à présent par le mauvais état de la France. Après son retour d'exil à l'île d'Elbe Napoléon débute le 20 mars 1815 son court règne « des Cent Jours » après avoir fait fuir le roi Louis XVIII à Gand. Il fait entrer la France dans sa septième coalition mais sa défaite à Waterloo le 18 juin 1815 le pousse à abdiquer en faveur de son fils « le Roi de Rome ». Mais Napoléon Ier est tombé définitivement. Le Roi Louis XVIII est rétabli sur le trône de France fin juin 1815. Napoléon 1er est fait prisonnier à St Hélène dès octobre 1815. En novembre 1815 le traité de Paris entre la France et les pays alliés de la coalition est désastreux. Le territoire français est ramené à ses frontières de 1790.

Enfin en 1817 pendant les semailles Jeanne –Marie accouche d'une fille Marie et deux ans plus tard elle donne le jour à Jean son premier fils. Elle est comblée. Bernard son époux lui offre une horloge à remontoir qui trône à présent dans la salle commune. Il a aménagé une alcôve dans cette grande pièce bien chauffée l'hiver en élevant une cloison en bois. Il y place le lit des enfants. Jeanne - Marie allaite sa progéniture durant plus de deux ans. Marie et Jean grandissent sans problèmes. La mère cuisine beaucoup pour ses enfants qui sont dotés d'un gros appétit. Elle utilise de la farine, des grains de sarrasin ou du blé noir pour confectionner des matefaims. Elle leur cuit des crêpes et prépare des tartes aux fruits du jardin le jour de la cuisson du pain dans le four. Le pain se conserve longtemps et se mange même dur. Jeanne-Marie confectionne aussi des gaufres et des bugnes, sortes de beignets frits. La parcelle plantée de pommes de terre fournit de belles patates. On les cuit de différentes façons sous la cendre, en robe de chambre, en gratin, en ragoût avec de la viande. Bernard a acheté une vache laitière à la foire aux bestiaux d'Auch et la petite famille consomme du lait en suffisance dès le petit matin. L'épouse s'est aussi spécialisée dans le barattage du beurre qu'elle vend ou troque dans les marchés voisins à côté de ses confitures de prunes conservées dans des pots de terre cuite.

Du côté du pouvoir Napoléon- Bonaparte meurt à St Hélène en 1821 suivi par le Roi Louis XVIII en 1824. En mai 1825 son frère Charles X se fait sacrer à Reims dans la tradition capétienne et devient le nouveau Roi de France. Il n'est pas progressiste comme Louis XVIII et tente de rétablir l'ancien Régime en favorisant la noblesse et le clergé. Il s'appuie sur les Ultras, des députés partisans du retour à l'ancien régime. Mais la bourgeoisie libérale s'oppose d'une façon déterminée à sa politique réactionnaire. En 1830 le Ministre Polignac édite quatre ordonnances réactionnaires. Elles prévoient le rétablissement de la censure de la presse, la dissolution de la Chambre des députés, la modification du cens électoral pour réserver un droit de vote aux grands propriétaires fonciers et une date fixée pour les nouvelles élections. Le 27 juillet 1830 la publication de ces ordonnances conduit à la Révolution des « Trois Glorieuses ». Paris se couvre de barricades avec des partisans de l'Empire ou de la République. Dans les coulisses du pouvoir des bourgeois modérés comme Adolphe Thiers ou Casimir Perier arrivent à imposer le Duc d'Orléans comme le nouveau Roi de France. Il fait partie de la branche cadette de la famille Royale, les Bourbons étant l'aînée. Ce roi paraît conforme aux intérêts de la bourgeoisie libérale. La Révolution de juillet 1830 qui a permis de changer de souverain ne constitue donc pas une rupture avec le régime précédent. Le changement le plus notable est le fait que la souveraineté de Droit divin est remplacée par la souveraineté Nationale. Le Roi qui prend le nom de Louis- Philippe est Roi des Français par la volonté du peuple et non plus Roi de France comme ses prédécesseurs. La Chambre Haute perd de l'influence et le drapeau tricolore remplace définitivement le drapeau blanc des Royalistes.

Jean dès son plus jeune âge est attiré par les véhicules en tous genres, charriots, diligences et même par le landau de son parent titré. Il s'extasie devant tout ce qui roule. En 1827 son père le conduit à Bordeaux avec sa femme et sa fille pour lui montrer la grande ville où réside un de ses cousins, négociant aisé. Mais dans la première moitié du 19ème siècle les routes se réduisent à des chemins vicinaux. Un grand nombre de relais de Postes aux chevaux permettent aux malles postes de se déplacer en toute sécurité. Les premiers trains français ne fonctionneront qu'en 1848 et rouleront deux fois plus vite que les diligences avec une vitesse de 30 km à l'heure au lieu de 15 pour les véhicules hippomobiles. De plus une loi passée en 1794 autorise tous les particuliers à conduire ou faire conduire librement des voyageurs, ballots, paquets et marchandises sans être inquiétés pour quelques motifs que ce soient. Le parent de Jean devenu maire de Castel Ferrus possède un landau avec un attelage de deux chevaux qu'il utilise pour ses déplacements fréquents dans les campagnes. En 1827 Jean et sa famille dorment dans un relais de poste vers Agen. L'auberge est pleine de voyageurs et le maître de poste un homme avenant montre les chevaux de poste aux enfants émerveillés. Le postillon conducteur du relais les conduit à l'étape suivante avec les chevaux du relais et ramène les bêtes à Agen.

Les chevaux de malle poste sont originaires du Béarn voisin et ont besoin d'un bon ferrage de sabots. Les voyages en diligence présentent des risques d'accident importants les véhicules souvent surchargés. Les véhicules se renversent ou endommagent les chemins en creusant des ornières profondes. Les postillons qui conduisent les diligences sont souvent fatigués, inattentifs ou ivres. D'autre part il y a un risque d'attaque par des brigands de grand chemin. Ils placent des branches ou des pierres pour bloquer la voie dans un endroit désert, surgissent au passage du véhicule et se font remettre les bijoux ou les bourses pleines de pièces d'or. Lorsqu'ils sont arrêtés par la maréchaussée ils sont pendus sur place mais lorsqu'ils ne sont pas pris on met leur effigie sur la potence.

Le jeune Jean hume son premier parfum d'aventure dans les sous-bois de Lomagne et rêve de parcourir le monde dans une carriole construite par ses soins. Il préfère déjà l'artisanat à la condition de paysan. A la campagne les garçons suivent un long apprentissage dès l'âge de cinq ans. Ils débutent comme gardiens de dindons, de chèvres et de moutons et deviennent plus tard bergers pour les bêtes à cornes, vaches et taureaux. A l'adolescence ils sont auxiliaires à la charrue, aident à stimuler les bœufs de labour ainsi que les chevaux. A 15 ans ils sont capables d'assumer la conduite ou la responsabilité d'un attelage. Du début du printemps à la fin d'automne, de l'aube au crépuscule les enfants des campagnes peuplent les pâturages, les abords des forêts pour garder les troupeaux. Les gamines deviennent très vite servantes, domestiques agricoles puis responsables des travaux domestiques dans une ferme, que ce soient chez leurs parents ou leurs oncles et tantes. Elles ont un besoin croissant de s'instruire mais elles n'ont appris à lire ou à écrire que depuis le 18ème siècle grâce au développement des petites écoles et elles sont moins documentées que les garçons. Jean-Pierre le père de Bernard a été alphabétisé et sait depuis longtemps poser sa signature sur des registres de délibérations des assemblées communales et sur des actes notariés. De plus encouragé par son cousin de Castel Ferrus il a appris à écrire un « livre de raison ». Ces écrits à l'orthographe aléatoire gardent une trace des évènements familiaux, des faits marquants de l'exploitation et de l'histoire de la région ou du pays. Le développement de l'instruction et l'utilisation du papier permettent leur multiplication dans les milieux ruraux. Depuis 1833 selon la loi Guizot chaque commune est tenue à entretenir une école élémentaire. Les quatre enfants de Bernard dont trois filles, nés après 1817 fréquentent l'école de l'Isle Jourdain et savent lire et écrire.

En 1834 Bernard place Jean son fils en apprentissage chez un charron de l'Isle Jourdain pour le former au métier qui lui plait tant et qui le fera vivre plus tard avec sa famille. Les campagnes du sud-ouest à cette époque se dépeuplent moins que d'autres car la propriété est déléguée à un fils et il n'y a pas assez de main-d'œuvre pour entretenir les champs. Elles se modernisent et un grand nombre de paysans deviennent aussi artisans ou s'engagent dans la fonction publique, les chemins de fer ou les constructions de route dans les communes rurales.

La Monarchie de Juillet est marquée par un nouvel essor de la colonisation française en Afrique du nord. La conquête française de l'Algérie débute en juillet 1830 justifiée par l'incident diplomatique du coup d'éventail donné par le Dey d' Alger en 1827 au Consul de France.

Jean le fils ainé de Bernard rêve d'aventure. Il apprend en 1840 que des colons sont recherchés pour s'établir en Algérie et n'hésite pas. Il postule pour un métier lié à l'installation militaire, celui de charron qu'il a appris par son maître- artisan du Gers. On peut dire que cette activité est liée avec les peuples migrants depuis un lointain passé. La conquête récente de territoires continentaux outre-mer ainsi que la colonisation agraire en fin de migration nécessite l'usage de véhicules de transport sur terre et les compétences du charron. Celui-ci est un artisan spécialiste du métal et du bois. Il fabrique, entretient ou adapte et répare les véhicules avant l'époque de la motorisation comme les voitures de transport de passagers ou de marchandises et les engins agricoles ainsi que les charriots militaires. Il produit sur mesure pour une clientèle variée de cultivateurs, jardiniers, maçons, lavandières, bagagistes, postiers, mineurs, casseurs de pierre, bouchers et militaires. Parmi les nombreuses tâches du charron il y a la fabrication de roues à moyeu en bois légères et résistantes et de taille correspondant au véhicule construit. Leurs jantes sont cerclées par une bande métallique, une étape importante pour des roues utilisées sur une route en dur. Le charron conçoit aussi le corps du véhicule modèle sur un ou deux trains roulants, la carrosserie ou charpente de la caisse du véhicule, la suspension adaptée aux trains roulants et le système d'attelage à la traction animale. Il sait confectionner des modèles réduits, patrons des voitures commandées et adapter le portage du véhicule à des fonctions différentes comme le transport de personnes, foin, fumier, bois minerais. Il peut aussi adapter le chariot aux terrains fréquentés dans les pentes raides des montagnes ou sur un sol sableux et marécageux. Il utilise les bois de chêne, de hêtre, d'érable, de frêne, orme et charme. Le charron a des fournisseurs de bois attitrés et parfois achète et coupe lui-même les bois recherchés. Certains bois exigent un séchage de deux ans avant leur utilisation. Les déchets de bois servent à chauffer l'atelier ou la maison du charron. Le charron s'associe souvent à un bourrelier pour une meilleure utilisation du cuir dans les systèmes d'attelage. Dans son atelier les pièces préparées avant assemblage doivent être d'une grande qualité. Les trains roulants ainsi que les roues sur des véhicules usagers sont indicateurs de leur âge pour estimer leur état d'usure et donc leur besoin en réparation.

En 1843 de l'Isle- Jourdain Jean prend la diligence pour Toulouse. Puis il voyage vers Marseille où il embarque une semaine plus tard sur un paquebot à destination de Bône, un port à l'est de l'Algérie. Il quitte le Gers, sa famille et sa mère en pleurs affligée par son départ. A 24 ans il est plein d'espoir pour se bâtir un beau futur sur l'autre rive de la méditerranée, en Algérie. Il s'est engagé dans l'armée française et ses services de charron seront utiles au transport des troupes et à l'intendance.

A Marseille Jean embarque avec son contingent sur une corvette de cent tonneaux, « l'Infernal », l'un des premiers bateaux à vapeur et à aube de la flotte française. A cette époque trois jours de navigation sont nécessaires pour rallier la côte d'Afrique du nord. Le confort est sommaire. Les soldats comme les voyageurs de troisième classe ainsi que leurs bagages restent sur le pont par tous les temps. Ils sont pourvus de hamacs pour dormir avec des couvertures et par gros temps ils se réfugient dans l'entrepont. Ils sont nourris comme les matelots avec des rations alimentaires de base. Les bagages risquent d'être mouillés, abimés ou emportés par les coups de vent. Le pire est le mal de mer dont sont victimes la plupart des passagers. Il y a différentes façons de lutter contre les nausées, s'allonger, boire du thé, manger, sucer du citron ou un morceau de sucre imbibé d'eau de vie. Les autres soldats ont conseillé à Jean de se serrer le ventre avec sa large ceinture à boucles et de peu s'alimenter. Ils pensent que l'abdomen une fois comprimé devient insensible aux effets du roulis et du tangage. Mais le malaise de Jean finit par s'estomper avec le danger, une violente tempête surgie de nulle part au sud -ouest de la Sardaigne. Très tendu il en oublie son estomac nauséeux se concentrant mentalement à chaque coup de butoir des énormes vagues qui secouent le navire. Il a peur car c'est un terrien habitué aux collines et aux vallons paisibles du Gers. Mais il se rassure en se disant que le destin lui est favorable et qu'il doit se concentrer sur la suite des évènements. Le grain cesse aussi subitement qu'il a commencé car c'est le début du printemps avec des orages violents fréquents sur la Méditerranée et il fait vite chaud. Les soldats stationnés sur les ponts- avant tentent de se rafraîchir en humectant leur tenue épaisse grâce aux embruns. A l'arrière une longue traîne d'écume blanche suit le bateau que des dauphins escortent en bondissant gaiement. A l'aube du quatrième jour le bateau arrive dans le petit port de Bône où n'existe qu'un seul bassin d'accostage en ces temps-là. C'est plus un mouillage au pied de la ville de 3000 habitants considérée dans le passé comme un repaire de pirates. Bône est située à l'embouchure de la rivière Seybouse et au pied du massif de l'Edough qui culmine à 1000 mètres d'altitude.

La prise de Bône par les armées françaises a eu lieu en août 1832 après la prise de sa ville indigène, (Kasbah) par le capitaine d'Armandy. La conquête de l'Algérie par la France s'est faite en plusieurs étapes. En juin 1830 l'armée française d'Afrique a d'abord débarqué à Sidi-Ferrouch, puis le 5 juillet 1830 Alger a été prise à l'instigation du dernier gouvernement de la Restauration. Ce régime n'avait pas de projet préconçu concernant l'annexion et la colonisation de l'Algérie mais il était soucieux de son prestige international et désirait consolider sa politique intérieure. La Monarchie de Juillet pourtant née de l'opposition à « l'expédition liberticide » de la prise d'Alger n'osa en décider l'abandon.

La conquête de l'Algérie dès 1830 a été accompagnée d'une colonisation de peuplement. Nombre de militaires français se sont installés comme colons pour aménager le territoire conquis. En juillet 1834 la Monarchie de Juillet a fini par proclamer l'annexion des « établissements français dans le nord de l'Afrique » tout en prônant une occupation restreinte. Elle n'a pas réussi à dominer indirectement les chefs vassaux de l'intérieur du pays et en décembre 1840 le Gouvernement français a choisi la conquête totale, ne pouvant se résoudre à une évacuation totale insupportable pour l'orgueil national français. Cette décision de conquérir toute l'Algérie a entrainé l'Etat français à développer systématiquement la colonisation en créant des villages de paysans français sur les terres du domaine public. Le but est d'implanter une population française la plus nombreuse possible pour garantir la conquête sans maintenir sur place le tiers de l'armée française. C'est aussi la meilleure façon de rentabiliser la possession de l'Algérie et de la positiver, un objectif qui lui avait manqué initialement.

Mais la région intérieure de Sétif et de Kabylie est toujours rebelle en 1841 et la France envoie des troupes de renfort chargées de pacifier la région montagneuse. Elles sont commandées par le Général Sillègue alors en poste à Marseille. Ces renforts remportent une victoire en 1843 mais la montagne continue à résister aux conquérants car elle est partout le dernier refuge de l'indépendance. Jean participe à l'expédition militaire chargée de pacifier la région de Sétif. Il est employé dans l'intendance, chargé de réparer les essieux cassés et les charriots endommagés par les pistes de montagne défoncées de la Kabylie. Mais il a envie de s'établir à Bône et d'installer un atelier de charron pour ensuite prendre une épouse et fonder une famille. Il ne supporte pas les injustices commises par les soldats contre le peuple algérien dans leur conquête de nouveaux territoires. Comme un officier l'avait écrit lucidement, « il n'arrive pas à oublier les villages rencontrés, abandonnés par leurs habitants, brûlés et saccagés, leurs palmiers, leurs abricotiers coupés parce que les propriétaires n'avaient pas eu la force nécessaire pour résister à leurs émirs et leur fermer un passage ouvert à tout le monde chez ces tribus nomades. Toutes ces barbaries ont été commises sans tirer un coup de fusil car les populations s'enfuyaient devant les soldats chassant leurs troupeaux et leurs femmes, délaissant leurs villages ».

L'Emir Abdel Kader, principal résistant à la conquête française se rend au Duc d'Aumale le 23 décembre 1847 en remettant sa jument en signe de soumission aux autorités françaises, à l'occasion d'une cérémonie officielle. Mais les évènements se précipitent en France. Du 22 au 24 février 1848 c'est la Révolution à Paris et le 25 février la Seconde République est mise en place. Fin avril 1848 la France proclame l'abolition de l'esclavage dans les colonies. En juin Louis-Napoléon Bonaparte est élu à l'assemblée Constituante et le 10 décembre 1848 devient Président de la Seconde République. Il est le neveu de l'empereur Napoléon premier.

En décembre 1848 la conquête de l'Algérie se termine officiellement par l'annexion du pays à la République française par le biais de la création des Départements français d'Algérie.

En 1848 ayant rempli son contrat de cinq ans avec l'armée Jean s'installe à Bône. Assisté par le service de Colonisation il obtient une maison dans le quartier de l'Orangerie sur la route reliant Bône à Bugeaud, une route ouverte par le Maréchal Randon, Gouverneur de l'Algérie. Il y adjoint un grand atelier où il va développer son artisanat durant des décennies. Il écrit de longues lettres à ses parents pour les rassurer sur sa nouvelle vie. La plaine autour de la ville est assez marécageuse et propice au développement des moustiques et du paludisme. Mais Jean est robuste et ne l'attrape pas. Il emploie des jeunes français libérés eux-aussi de leurs obligations militaires et forme quelques locaux, des musulmans placides car ils comprennentque leurs intérêts et leur fortune croîtront en même temps que le développement de la région. Jean apprend assez vite quelques mots courants en arabe et quelques années plus tard il parle passablement ce langage si différent du gascon. Dès la fin des années 1840 Il se met en quête d'une épouse française. Il a du travail dans son atelier, de nombreuses demandes pour des charriots, landaus, charrettes que ce soit pour des colons sur leurs terres vers Randon et Mondovi ou pour l'intendance de l'armée. C'est un gros travailleur qui ne philosophe pas sur sa vie mais tente de l'améliorer matériellement. Il ne rêve pas se contentant de son présent et des commandes à satisfaire. Il a quelques amis avec qui il chasse le sanglier sur les collines boisées qui dominent Bône. En 1851 l'un d'eux, un homme d'âge mûr qui travaille dans une exploitation de chênes- lièges à Bugeaud lui parle de sa fille Marie- Agathe âgée de 22 ans. Elle cherche à fonder une famille. Jean accepte de la rencontrer et devant sa belle prestance et ses grands yeux bleu- porcelaine il la demande en mariage. Sa famille originaire de Colmar est arrivée en Algérie avec la première vague de colons déportés d'Alsace Lorraine.

Mais il arrive un grand malheur dans la vie de Jean .Son père Bernard et sa mère Jeanne Marie décèdent l'un après l'autre de maladie en 1852 quelques mois après son mariage avec Marie-Agathe. Jean retourne quelque temps dans le Gers. Il voyage sur un des nouveaux navires des Messageries Maritimes. A Marseille il prend le train nouveau moyen de transport très commode. De Toulouse il gagne l'Isle Jourdain accablé de remords d'avoir laissé vieillir son père et sa mère sans les revoir. Il reste un mois en France pour régler la succession et récupérer ce qui lui revient et repart vers son nouveau pays. Il ne retournera plus jamais en France. Il ramène avec lui une cousine d'Auch, Virginie qui quitte sa ferme pour s'installer comme couturière à Bône.

La situation s'est détériorée dans les campagnes françaises après 1840. Le développement de la contraception volontaire et le relâchement des contraintes religieuses causent une baisse de la natalité rurale. Le non partage de la propriété foncière induit un exode vers les villes. D'autre part une vaccination accrue dans les milieux ruraux fait baisser la mortalité. Il n'y a plus de famines et moins de victimes d'épidémies chez les paysans. Dès 1850 les jeunes partent vers les villes et la population rurale vieillit ce qui entrave les facultés d'adaptation au progrès technique. Les cadets de famille paysanne n'ont que le choix de quitter la ferme à cause de la concentration foncière revenant au fils aîné et de vivre ailleurs en travaillant. Ils s'engagent dans les grands chantiers comme les chemins de fer, le travail en usine, les commerces citadins. Les plus lettrés postulent pour des métiers de fonctionnaires dans la poste ou l'enseignement. Car le 19ème siècle et la révolution industrielle génèrent un énorme marché de l'emploi. Le machinisme agricole se développe et libère des bras sur les terres. De plus les filles rechignent à se marier avec des paysans car l'habitat dans les fermes est encore vétuste, les sols souvent en terre battue. Elles préfèrent partir et se placer comme domestiques chez des bourgeois ou devenir ouvrières. Les vieux parents restent à la ferme et gardent leurs terres jusqu'à la limite de leurs forces. L'agriculture est une occupation astreignante dépourvue de vacances et de loisirs.

Et Virginie Daubèze originaire d'Auch rêve de vivre en ville en Algérie près de ses cousins.

L'Emir Abdel Kader prisonnier en France depuis cinq ans est libéré par Napoléon-Bonaparte dans une cérémonie au château d'Amboise le 16 octobre 1852. Il part en exil en Syrie après son bannissement mais sauvera nombre de chrétiens de la vindicte musulmane en 1860 lors de l'expédition de l'Empereur dans ce pays.

Le 2 décembre 1852 le Second Empire est proclamé en France. Pendant ce temps en Algérie les colons les plus aisés acquièrent de grandes concessions et font de l'agriculture extensive. Ils cultivent dès l'assainissement des terrains en bord de mer. La culture du coton ne se développe vraiment que dans les années 1850. Elle s'accompagne d'installations de planteurs européens organisées par des compagnies soutenues par l'Etat français.

Marie -Agathe met au monde sa première fille Berthe en 1852 mais celle-ci meurt quelques mois plus tard emportée par les fièvres.
Jean est poursuivi par le chagrin de ces deuils multiples et se réfugie de plus en plus dans le travail.

La vie est dure en ces temps-là dans un pays où les « colons sont perçus comme des invités non attendus ». Les maladies sont fréquentes et sans remède, comme le typhus ou le choléra. Les indigènes algériens sont devenus aussi très méfiants envers les colons qui s'installent dans leur pays après les expéditions françaises punitives contre l'Emir Abdel Kader. Mais peu à peu une vie quotidienne se construit pour les catégories de petits colons, endurants et travailleurs. Ils se sentent proches des indigènes et mis à part leurs religions différentes ils ont vite des habitudes en commun comme les visites au café où tous palabrent sur l'état des choses dans un monde en mutation.

En 1854 Marie- Agathe accouche de Louis son premier fils. Il grandit avec facilité, un gamin fort et audacieux comme son père. Sa mère veut l'éduquer de la meilleure façon et l'envoie à l'école primaire dès l'âge de sept ans. Il entre à l'École communale de garçons du Marché au blé, place Anatole France. Entre-temps elle a d'autres enfants. Joseph naît en 1858, François- Marius en 1864 mais il décède un an plus tard. Berthe -Eugénie meurt deux ans après sa naissance en 1866. Marie Agathe désire une famille nombreuse mais ses grossesses répétées la fatiguent. Elle fréquente d'autres femmes d'immigrants qui vivent dans le même quartier et éprouve beaucoup d'amitié pour sa cousine par alliance Virginie qui lui confectionne de jolies robes en coton imprimé.

 En 1865 Napoléon III effectue une visite officielle en Algérie. Il déclare que « le premier devoir de la France est de s'occuper du bonheur des trois millions d'arabes ». Ses conseillers pro-indigènes l'ont convaincu que l'Algérie ne devait pas « être une colonie », mais un «Royaume Arabe » et que la colonisation devait y être limitée car « le vrai paysan d'Algérie, l'ouvrier agricole c'est l'indigène ». Pour lui la colonisation rurale est un double anachronisme, politique et économique. L'empereur préfère la grande colonisation capitaliste à la petite colonisation subventionnée par l'Etat français. Il recommande l'association des intérêts français et indigènes. Mais sa politique provoque une forte opposition des « colonialistes ». Ce sont des partisans de la colonisation sans entraves et ils rallient à leur cause tous les opposants au régime, Républicains, Libéraux et Catholiques.

Alors que Louis adolescent ne sait pas encore s'il désire travailler dans l'atelier de son père Jean, la France déclare la guerre à la Prusse le 19 juillet 1870.

Il s'en suit une crise politique car Napoléon III est fait prisonnier par les prussiens et le second Empire s'achève peu glorieusement. La Troisième République est proclamée le 4 septembre 1870. L'armistice est signé avec les prussiens représenté par Bismarck et prend effet le 28 janvier 1871. En février des élections ont lieu à Paris à l'Assemblée Nationale et le 17 février Thiers est élu comme chef du Pouvoir Exécutif. Le traité définitif de fin de la guerre signé le 10 mai 1871 se nomme traité de Francfort. L'Allemagne victorieuse du Kaiser Guillaume II obtient une indemnité de guerre de 5 milliards de francs, la cession de l'Alsace (sauf Belfort) de la plus grande partie de la Moselle, d'une partie de la Meurthe et des Vosges ainsi qu'un défilé des troupes allemandes sur les Champs-Elysées. Cette défaite ajoutée à l'attitude de l'Assemblée Nationale Monarchiste et du Gouvernement attise le ressentiment de la population parisienne. Des manifestations idéologiques se cristallisent dans l'insurrection populaire de « la Commune » du 18 mars au 28 mai 1871. Ses meneurs sont des républicains ultrarouge, antireligieux, jacobins, prolétariens. Ils détruisent de grands monuments de la capitale comme le Palais des Tuileries, l'Hôtel de ville..).

Dans la Troisième République l'Algérie ne dépend plus du Ministère des Colonies mais de celui de l'Intérieur. Elle est divisée en trois départements, Oran, Alger et Constantine. Les juifs d'Algérie acquièrent grâce aux décrets Crémieux la citoyenneté française. Mais la situation dans le pays n'est pas très bonne à cette époque. La période de 1866 à 1872 voit se creuser le déficit démographique algérien. La population indigène a subi des répressions de l'Armée française, un tremblement de terre, une épidémie de choléra et une famine de 1867 à 1868 qui a causé un demi -million de victimes. Elle a beaucoup diminué. De plus des tribus entières sont déportées ou bannies. Certaines jugées trop turbulentes se réfugient en Tunisie ou au Maroc et même en Syrie. D'autres tribus sont déportées en Nouvelle-Calédonie ou en Guyane.

Dans la famille de Jean trois autres enfants viennent au monde en 1868, 1872 et 1874. Il y a une fille Marie puis deux garçons, Marius et René Alexandre. Louis et Joseph très proches sont ainés de plus de 15 ans de leurs deux frères avec qui ils ne communiquent pas beaucoup. Louis porte une épaisse moustache et aime déambuler le soir avec ses copains sur les boulevards. Il joue à la pétanque avec son père et sa bande.

En Algérie l'insécurité s'est accrue en 1870 et 1871 avec l'insurrection des Cheikhs El Mokrani et El Hadad. Des tribus entières refusent d'obéir à des fonctionnaires civils arrivés droit de Paris. Auparavant l'administration était dirigée par des militaires dans le cadre des « Bureaux Arabes ». Le mouvement d'opposition touche le centre et l'est de l'Algérie. En répression il y a une expropriation massive des biens et propriétés des tribus révoltées et leur distribution à des colons venus de toute l'Europe.

A Bône même l'extension de la ville se poursuit avec l'assainissement des terrains marécageux en bordure de l'oued Seybouse ainsi que vers le Pont d' Hippone et les quartiers de l'Orphelinat.

En septembre 1873 la guerre en Europe s'achève avec l'évacuation du territoire français par les troupes allemandes. Une tentative de restauration de la Monarchie échoue le 30 octobre 1873, (sous le Présidence de la République de Mac Mahon : « j'y suis j'y reste »). En février 1875 le code de l'indigénat est instauré en Algérie. Il sera étendu à l'ensemble des territoires conquis au fur et à mesure de l'expansion coloniale de la Troisième République. En droit comme en pratique les mesures contenues dans ces textes complétées par des pouvoirs extrêmement étendus des Gouverneurs Généraux témoignent de l'abandon de la politique d'assimilation des indigènes. Celle-ci était depuis longtemps combattue par les plus hautes autorités de la République.

 Le régime pénal de l'Indigénat est composé de quatre mesures. Ce sont : le séquestre des biens qui peut être collectif, les amendes collectives, l'internement administratif et l'internement disciplinaire. A l'époque de l'administration civile les pouvoirs judiciaires à l'égard des indigènes appartiennent à deux types d'agents de l'Etat colonial. Les communes mixtes dépourvues de maire ou de conseil municipal sont gérées par un administrateur civil nommé par le Gouverneur Général. Il est assisté d'une commission municipale composée des présidents d'Assemblées indigènes et des chefs de territoires locaux, des notables arabes et elle possède certains pouvoirs disciplinaires. Les administrateurs de communes mixtes prononcent des peines d'amende et d'emprisonnement depuis le début des années 1870 et ce en dehors de tout texte officiel. Dans les communes de « plein exercice » dotées d'un maire et d'un Conseil Municipal les Juges de Paix exercent leur pouvoir disciplinaire depuis un décret de 1874.

En 1875 Louis débute dans l'atelier de son père en compagnie de son frère Joseph. Apprenti il s'est formé au métier de carrossier, une extension de celui de charron. En ces temps-là il n'existe que des véhicules hippomobiles en Algérie. Pour un petit artisan ou un charron ingénieux il faut des mois pour fabriquer un véhicule. Les carrossiers même en Algérie sont capables de réaliser une charrette anglaise, une wagonnette ou un phaéton campagnard. Mais cette fabrication à son apogée à la fin du 19ème siècle va peu à peu céder le pas à la construction de voitures à moteur. Quelques années plus tard Louis quitte l'atelier car il n'a pu réaliser sa transformation totale de charronnerie en carrosserie, rencontrant une certaine opposition de la part de son père. Son frère Joseph prend la relève. Louis décide alors d'exploiter une ferme dans la plaine de Bône. Il en trouve une sur la route de La Calle près des Salines. Il y cultive du blé dur, des melons et pastèques, des pommes de terre et des légumes et se lance dans des cultures industrielles comme le tabac et le coton. Mais il ne supporte pas la solitude. Un ami de ses parents qui est cultivateur à Mondovi, à 25 kilomètres au sud de Bône lui parle de jeunes filles à marier là-bas.

Les colons autour de Bône sont cultivateurs et exploitent surtout des vignobles et des plants de tabac. La plaine de Bône est située à 60 mètres d'altitude seulement. Elle a accueilli depuis 1837 un grand nombre de colons originaires d'Alsace- Lorraine arrivés dans le cadre du programme de colonisation rurale. La dernière vague de migrants est originaire du sud-ouest de la France, d'Auvergne et d'Italie. En 1848 le peuplement officiel de l'Algérie a débuté par la création de « 42 colonies agricoles » dont Mondovi. Dans la plaine de Bône jusqu'Randon et Mondovi les terrains en hauteur sont fertiles et les bas-fonds saumâtres ou marécageux. Le départ de colonisation fut très dur pour les migrants installés dans des villages existants ou dans des centres de colonisation de l'armée où on leur attribuait des terres d'une superficie de 5 à 10 hectares et plus tard de 25 à 30 hectares. Ils étaient tributaires de l'administration coloniale qui leur octroyait des prêts et du matériel et qui les plaçait parfois comme métayers dans des grandes concessions. Ils vivaient au début dans des conditions souvent misérables et ils étaient la proie de maladies dues au climat insalubre. Il fallait assécher les marécages, défricher les terrains encombrés de ronces, affronter les pillages, les agressions nocturnes, les promesses de constructions non tenues et les concessions fantômes déjà occupées ou vendues en multipropriétés. Il fallait lutter contre la sécheresse, la chaleur étouffante, le froid en hiver, les invasions de locustes, le paludisme et la dysenterie. La plupart des migrants étaient des artisans ou des ouvriers peu doués pour l'agriculture. Dès leur arrivée ils recevaient en dotation de l'armée une tente ou une cabane ainsi qu'un couple de bœufs, une charrue, des sacs d'orge et de blé pour les premières semailles. Les premiers immigrants étaient très pauvres et durent trouver des matériaux de construction à peu de frais. Les terres dans la plaine alentour étaient peu boisées. Les briques et la chaux étaient des matériaux très onéreux. L'armée leur fournissait des planches réformées pour leur ameublement, des vêtements réformés ainsi que des ustensiles de cuisine et des couvertures. En attendant leur première récolte ces colons furent nourris par l'intendance de l'armée française. Plus tard ils ont construit des maisons en dur conformément au plan d'urbanisme imposé par l'administration à chaque localité , avec des rues droites se coupant à angle droit, des maisons de même style à un ou deux étages peintes de manière identique. Depuis chaque communauté d'un nouveau village impose des corvées à ses colons deux fois par semaine comme la construction des maisons, rues, routes et écoulement des eaux, en supplément à leurs tâches individuelles.

Les terres de colonisation créées dans l'espace militaire conviennent plus aux cultures céréalières, exigeant moins d'irrigation que les cultures maraîchères. A cette époque les européens ne sont pas trop intéressés par les traditionnelles cultures indigènes comme la production d'huile d'olive, de figues et d'abricots secs ainsi que par l'élevage ovin. Les colons sont plus enclins à développer des cultures d'exportation dont ils sont les initiateurs comme la vigne, le tabac, le coton. Pour établir toutes ces concessions de terres domaniales ainsi que les centres de colonisation il a fallu des textes de réglementation officielle. Le premier en avril 1841 fut un arrêté du maréchal Bugeaud concernant les concessions gratuites. « Le concessionnaire doit résider sur le terrain concédé, élever toutes les constructions utiles à son exploitation, débroussailler, défricher et planter. Le titre définitif n'est attribué qu'après l'accomplissement des conditions imposées par le titre de concession. Tant que ce titre n'est pas définitif et sans autorisation administrative le colon ne peut vendre ni hypothéquer la terre ». La terre ainsi concédée est donc juridiquement inaliénable, par suite insaisissable. En 1845 des ordonnances modifient et complètent ce statut, les concessions accordées par le Roi seul et les acquéreurs tenus de payer une redevance. La vente aux enchères publiques, de gré à gré après estimation préalable et l'échange sont des clauses admises. En 1847 le Gouverneur Général peut accorder des concessions inférieures ou égales à 25 hectares. Et surtout en avril 1863 un arrêté du Sénat instaure la propriété individuelle chez les indigènes d'Algérie. Par suite nombre d'entre eux revendent plus tard à des européens les terres dont ils sont devenus propriétaires. Auparavant la propriété individuelle n'existait pas dans les communautés indigènes car tout appartenait à la collectivité c'est-à-dire aux tribus.

C'est donc à Mondovi que Louis rencontre sa future femme Adolphine- Marie, d'origine lorraine. Il l'aperçoit en 1878 alors qu'elle est présente avec ses parents et ses sœurs à une fête de village. Elle lui plait tant qu'il en parle à des amis de ses parents. Depuis ceux-ci invitent régulièrement Louis à déjeuner le dimanche avec eux. Adolphine a huit ans de moins que Louis. Elle est discrète, élancée avec des yeux noisettes et des cheveux blonds paille. Elle est allée à l'école primaire de Mondovi et peut lire et écrire sur des registres. Louis et Adolphine se fiancent en 1879 et se marient un an plus tard dans la petite église St -Ambroise de Mondovi. Dans cette bourgade naîtra plus tard l'écrivain Albert Camus.

En France la Troisième République et sa nouvelle Constitution sont mises en place avec des hauts et des bas. Il y a eu sept régimes politiques différents depuis la chute de Louis XVI quatre- vingt ans auparavant, dont trois monarchies constitutionnelles, deux républiques éphémères et deux Empires. L'Assemblée Nationale hésitante de 1870 à 1879 met neuf ans à renoncer à la Royauté et à proposer une nouvelle Constitution Républicaine.

A Bône dans l'atelier de charronnerie- carrosserie Jean le père vieillit et a du mal à soulever les matériaux en proie à de sévères crises de rhumatisme et d'arthrose invalidante. La ville côtière elle se développe et son port s'agrandit. Des quartiers neufs se construisent au-delà de la Kasbah à la place des anciennes campagnes et propriétés agricoles. Des accès aux plages sont établis et les européens profitent des joies de la mer. Vers l'est de Bône s'étend une vaste plage, de l'embouchure de la Seybouse jusqu'au cap Rosa. Les jours de ciel clair on peut distinguer au loin les confins de la Tunisie et les montagnes de Souk-Ahras. A l'ouest en 1880 le seul chemin d'accès au bord de mer passe par le Fort Génois qui rejoint au pont de Zafrania la route des montagnes de l'Edough ouverte en 1842 par le Général Randon. Des travaux permettront son extension par un collet entre les collines de Bellevue et de Ménadia pour aboutir beaucoup plus tard à l'embouchure de l'Oued Kouba. C'est un but de promenade estival pour les familles car il est ombragé par de grands frênes. Un autre chemin relie le môle Cigogne à la Plage de Grenouillère très en vogue à la fin du 19ème siècle et qui s'étend du pied de la falaise des Caroubiers à la jetée Babayaud. Les visiteurs y arrivent en longeant les quais du grand bassin et en suivant le chemin de l'avant- port. La plupart s'y rendent à pied ou grâce à des omnibus trainés par trois chevaux. D'autres utilisent des véhicules légers, le trajet ne coutant que deux sous par personne. Un petit bateau à vapeur, « le Rif » assure aussi la liaison avec la plage à partir du quai Warnier en traversant l'avant- port dans toute sa longueur. Une fois sur place la plupart des baigneurs et baigneuses se mettent à l'eau sur le front de mer dans un espace limité par des cordes. Les bons nageurs qui s'aventurent au-delà de ce périmètre sont plus rares. Certains poussent jusqu'au radeau ancré à quelques centaines de mètres des cordes et les plus audacieux nagent jusqu'à la bouée lumineuse située à plus d'un kilomètre du rivage.

La bouée est équipée d'un feu nocturne pour indiquer l'extrémité de la future jetée du Lion alors en construction. Les femmes vêtues d'amples costumes de bain couverts de chasubles peu révélateurs traversent discrètement la plage, soucieuses de ne pas se faire remarquer. Le soir à la fraîche elles se rassemblent et bavardent en surveillant les enfants occupés à confectionner des pâtés et des châteaux de sable. Quelques belles dames sont observées attentivement par des groupes de jeunes dandys en costume blanc portant canotiers et panamas et arpentant la plage de long en large. De là quelques promeneurs parviennent à La Batterie du Lion d'où le panorama s'étend sur tout le Golfe de Bône. Un rocher de granite en forme de Lion semble monter la garde à l'entrée de la rade. Tout près la petite plage fréquentée du Lever de l'Aurore tire son nom du débarquement des fusiliers marins du navire la Béarnaise en 1832.

Un autre site de bains se situe au pied de la Colline des Anglais. On y trouve un restaurant fameux « la plage Luquin » du nom de sa propriétaire. Un objectif de ballade est le Cap de Garde. Mais en ces temps- là les marcheurs qui s'aventurent au-delà de la plage Fabre sont rares. C'est une expédition fatigante d'une dizaine de kilomètres jalonnée au passage par de grandes propriétés de colons français et par des carrières de marbre avant d'arriver au Fort Génois. De l'autre côté du Cap de Garde les montagnes qui plongent en hautes falaises sur le littoral abritent ces lieux aimables des vents froids venus du nord de la méditerranée. En 1884 il y a près de la batterie du Fort Génois un lazaret établi à l'occasion d'une épidémie de choléra la maladie importée dans le pays par un navire mis en quarantaine au mouillage voisin. Tous ces sites côtiers déserts aux premiers temps de l'occupation française ne se peuplent que lentement. A la fin du 19ème siècle les habitants permanents y sont encore très rares. Une route le long du bord de la mer est prévue pour rejoindre le chemin du Fort Génois. Il s'agit de la future Corniche passant devant les plages du Lever de l'Aurore et de Saint-Cloud. Les travaux du grand bassin portuaire ne débutent qu'en 1886.

L'atelier de charronnerie et carrosserie Rue Bugeaud dirigé de plus en plus par Joseph prospère à cette époque car les besoins en moyens de locomotion sont importants dans ce département de l'Algérie française.

Louis est à présent le père d'un garçon âgé d'un an, Robert Jean-Marius. Les années se succèdent dans son exploitation agricole .Il y fait pousser du tabac et des produits maraîchers. Derrière la ferme sont fixés des séchoirs métalliques équipés de glissières sur rail avec supports. On y accroche chaque année des canisses de roseau. Elles servent à faire sécher des bouquets de feuilles de tabac retournées régulièrement et soigneusement pour les faire arriver à maturité. Les feuilles sont ensuite entreposées dans des appentis. Louis contrôle souvent leur couleur, un signe de qualité de la récolte. Il emploie quelques ouvriers agricoles musulmans avec qui il s'entend très bien et les loge dans des maisonnettes de l'autre côté de ses champs de tabac. Quelques-uns de leurs enfants masculins les plus doués fréquentent l'école primaire du village voisin avec Robert-Marius, le fils du patron.

Car même dans les colonies la troisième République Française est soucieuse de mettre en place les réformes sociales demandées par sa société à commencer par le besoin d'une législation plus favorable pour les salariés. En métropole Jules Ferry ministre de 1879 à 1885 marque son temps avec une série de réformes concernant l'Education, la Justice et la Constitution. Dans l'esprit des Républicains l'école est le moyen pour les français de lutter contre l'ignorance et aussi de rattraper le retard du pays par rapport au voisin allemand. L'école doit être gratuite obligatoire et laïque selon le programme de Belleville de 1869. Pour Jules Ferry l'école Républicaine doit former des citoyens éclairés, aptes au service militaire. Quant à l'influence des écoles catholiques privées elle est considérablement réduite. Deux décrets en 1880 imposent la dissolution de la Compagnie de Jésus, (Jésuites) dans les trois mois après leur publication et pour les autres congrégations exigent une demande d'autorisation dans les trois mois sous peine de dissolution. Le 16 juin 1881 la Loi Ferry établit la gratuité de l'enseignement primaire dans les écoles publiques et la nécessité pour les instituteurs d'obtenir un Brevet de capacité d'enseignement. En mars 1882 une autre loi complète la précédente présentant l'obligation pour les enfants de 6 à 13 ans d'aller à l'école, une école devenue laïque. Le certificat d'Etudes un examen public sanctionne la fin des études primaires. Le personnel enseignant devient aussi laïque par la loi Goblet d'octobre 1886 après l'obligation de se former par la loi Paul Bert en 1879. Les Ecoles Normales Départementales d'instituteurs et institutrices se mettent en place avec deux Ecoles Normales Supérieures en Ile de France destinées à leurs cadres féminins et masculins.

Jules Ferry est aussi nommé Ministre des Affaires Etrangères de la République Française et relance l'expansion coloniale. En 1881 il impose le Protectorat Français en Tunisie et « coupe l'herbe sous les pieds » à l'Italie qui avait des visées sur ce pays. En Asie lors de la guerre franco-chinoise de 1881-1885 la France met en protectorat l'Annam, le Tonkin et certains territoires de la Chine continentale. Jules Ferry profite de la bienveillance de Bismarck qui voit dans la nouvelle politique coloniale française un dérivatif au ressentiment contre l'Allemagne.

La politique coloniale des Républicains opportunistes a plusieurs motifs. Le premier est économique, car la conquête a pour but de prolonger les débouchés économiques. Ensuite vient la raison patriotique. Faire de la France une puissance coloniale, c'est lui redonner sa grandeur, faire d'elle la puissance qu'elle était autrefois, lui restaurer son rang et donc préparer la revanche.

Enfin et surtout compte la raison idéologique pour ces hommes convaincus du rôle civilisateur de la France auprès des populations indigènes. La France républicaine est porteuse d'un messianisme humanitaire. Mais cet expansionnisme rencontre de l'opposition aussi bien à droite qu'à gauche. Les deux partis monarchistes nationalistes et radicaux de gauche pensent que les guerres coloniales détournent la France de la revanche à prendre sur l'Allemagne. A cette époque la France se construit le domaine colonial le plus important d'Afrique à partir de ses bases en Algérie, au Sénégal et sur la côte du Congo. Elle s'établit en Afrique Equatoriale et Occidentale ainsi qu'à Madagascar. Mais cette politique d'expansion la met en concurrence avec le Royaume- Uni qui est un allié. La France abandonne sa position dominante en Egypte laissant le Royaume- Uni prendre une importante participation financière dans le canal de Suez en 1875 et imposer son protectorat à l'Egypte en 1882.

En 1889 en Algérie une loi impose la nationalité française à tous les descendants d'européens qui résident sur son territoire.

En 1891 naît René Alexandre chez Louis et Adolphine mais il décède un an plus tard d'une mauvaise dysenterie. A cette époque il n'y a pas d'antibiotiques. Louis surprotège son fils aîné car il a très peur de le perdre. Mais il l'envoie à l'école primaire à 6 ans. Il est menu timide et pas très grand, ressemblant à sa mère Adolphine. A Bône Jean le gascon est de plus en plus malade affligé d'urémie, ses reins ne fonctionnant plus. Il s'éteint en 1893 léguant l'atelier de charronnerie-carrosserie à ses fils Joseph et Alexandre. Sa veuve Marie- Agathe résiste au chagrin qui menace de la faire sombrer dans la mélancolie mais avec l'affection de ses enfants et petits-enfants elle se remet peu à peu et s'installe dans une vieillesse tranquille. Elle a perdu ses parents en 1874 durant une épidémie de typhus et ne fréquente plus trop ses frères et sœurs partis s'installer dans d'autres régions d'Algérie, à part l'une de ses sœurs restée proche de la famille de son époux.

En 1898 Robert âgé 13 ans est encore scolarisé à l'école de garçons de Mondovi. Il s'y rend à pied le matin et rentre le soir déjeunant sur place grâce aux plats préparés par sa mère. Il aime les mathématiques et la comptabilité mais ses parents souhaitent qu'il reprenne plus tard l'exploitation agricole. Elle n'est pas loin de la route de Mondovi à Bône près du village de Duzerville. Les colons ont planté là des milliers d'hectares de champs de tabac sur les alluvions fertiles de la plaine de la Seybouse. Mais les fièvres, paludisme, typhus, choléra et autres dysenteries affaiblissent les nouveaux habitants européens de ces zones basses autrefois marécageuses.

Le 20ème siècle débute à Bône sans grands changements. La ville s'agrandit et le port est aménagé pour les paquebots et bateaux de la Marine Marchande. Joseph quitte l'atelier de carrosserie en 1902 pour installer un atelier de fabrication de balais sur la route de l'Orphelinat. Son frère Alexandre prend la relève avec sa femme Cécile et Fernand l'époux de sa sœur Marie. Puis la famille est frappée par des nouveaux deuils. En 1903 Marie-Agathe décède d'une crise cardiaque entourée de sa famille. Ensuite c'est son fils Alexandre en 1904. Il est bien jeune pour disparaître à 30 ans et sa femme Cécile vit très mal son veuvage avec des enfants en bas âge, une petite fille Yvonne et son frère. En 1905 Robert à l'âge de vingt ans songe déjà à trouver une épouse et économise tout ce qu'il peut pour obtenir son indépendance financière.
En 1906 l'atelier de charronnerie-carrosserie créé au milieu du 19ème siècle ferme définitivement ses portes. La construction

hippomobile ne disparaîtra réellement qu'après la guerre de 1914-1918.

En France des partis se forment dans un but électoral au début du 20eme siècle, de l'Action Française en 1899 au Parti Radical et l'ARD en 1901, à l'Action Libérale Populaire en 1902 et au Parti Socialiste en 1905. En 1902 les élections sont triomphales pour le Parti radical-Socialiste allié aux Socialistes de Jaurès dans le Bloc de Gauche.

En 1905 est votée la Séparation de l'Eglise et de l'Etat et la Nationalisation des biens de l'Eglise durant le mandat du Président du Conseil, Emile Combes. L'Eglise devient totalement indépendante et doit subvenir seule à ses besoins financiers.

En politique Etrangère la France et la Russie se rapprochent par réaction à la formation de la Triple Alliance en 1880 entre l'Autriche-Hongrie, l'Allemagne et l'Italie. Un accord financier est établi entre les deux pays avec la création de l'Emprunt Russe qui engrange l'épargne des français. En 1892 une alliance a été conclue entre la France et la Russie liant les deux armées en cas de menace allemande envers la France ou austro-hongroise envers la Russie. La France longtemps isolée depuis les guerres révolutionnaires a enfin une alliée, la Russie.

Robert se marie avec Rosalie en 1905. Elle est son aînée de deux ans ayant dû s'occuper de ses frères et sœurs après le décès précoce de leur mère. Elle a un visage large et des yeux vifs d'un noir profond assortis d'un caractère bien trempé. C'est une maîtresse femme aux racines campagnardes. Elle lui donne trois garçons, Léon, René et Louis- Paul ce dernier né à Randon en avril 1911. Cécile la belle-sœur de Louis décède en 1911 et ses enfants passent sous tutelle de Joseph et Louis, ce dernier les hébergeant quelquefois dans sa ferme sur la route de la Calle.

En 1911 les musulmans d'Algérie sont astreints au service militaire. Et les nuages de la Première Guerre Mondiale s'amassent déjà dans le ciel d'Europe. En 1911 toujours une triple entente est signée entre trois pays la France, la Russie et le Royaume-Uni. En 1908 l'Autriche-Hongrie a déjà annexé la Bosnie Herzégovine. Soutenue par l'Allemagne elle saisit l'occasion de l'assassinat du Prince Héritier d' Autriche en Juin 1914 à Sarajevo pour déclarer la guerre à la Serbie, pays soutenu par la Russie. La logique des alliances engendre une guerre européenne dès Juillet –Août 1914. En France dans un Gouvernement d'Union National le Socialiste Jean Jaurès militant de la Paix est assassiné.

En 1914 en Algérie Française des troupes indigènes partent se battre aux côtés des français. Le 4 août 1914 à 4 heures du matin alors que l'Allemagne vient juste de déclarer la guerre à la France, les ports de Bône puis de Philippeville en Algérie subissent les premiers bombardements navals de la Grande Guerre. Le croiseur allemand « Le Breslau » lance environ 140 obus sur la ville de Bône visant la gare ferroviaire, l'Usine à Gaz, les casernes et le Sémaphore du Cap de Garde. Il n'y a pas de dommages importants. La stratégie de l'armée de l'empereur Guillaume II est d'empêcher les troupes mobilisées en Algérie de rejoindre la France métropolitaine.

En France en 1916 les combats autour de Verdun et de la Somme sont particulièrement meurtriers. Le Président Raymond Poincaré appelle Gorges Clémenceau à la tête du Gouvernement. Dénommé « le Tigre » celui-ci va mener le pays à la victoire. De mars à juillet 1918 les Allemands lancent en vain cinq offensives majeures sur le front français pour forcer la victoire avant l'engagement massif des USA nouvellement entrés en guerre. Dès le 18 juillet 1918 les armées alliées reprennent l'offensive sous la direction du Maréchal Foch. Elles font reculer le front de près de 150 kilomètres et poussent les allemands épuisés à accepter la signature de l'armistice le 11 novembre 1918. En France plus d'un million et demi d'hommes sont morts aux combats et trois millions et demi d'autres ont été blessés et mutilés. 25 000 soldats musulmans sont tombés sur les champs de bataille de Verdun et de la Somme durant la Première Guerre Mondiale. Les français d'Algérie ont perdu 22 000 hommes sur les champs de bataille.

Les hommes de la famille de Jean ne sont pas partis à la guerre car ils sont âgés, mariés avec enfants ou tuteurs comme Louis et Joseph. Léon et René fils de Robert sont des adolescents et Louis-Paul un enfant de 3 ans lorsque la première Guerre Mondiale débute. Ce dernier est un garçon costaud mais colérique .Il a cassé un grand nombre de biberons lorsqu'il était bébé témoignant ainsi de son caractère fort sans doute hérité de sa mère Rosalie.

En 1918 la guerre est enfin terminée laissant la France bien affaiblie ainsi que l'Algérie française. Les monuments aux morts, mutilés, veuves et orphelins de guerre font désormais partie de la vie quotidienne des populations. Un autre fléau frappe le monde, né en Chine en juillet 1915. C'est la pandémie de grippe espagnole de type H1N1 qui propagée aux USA par des migrants asiatiques dès mars 1916 ravage ensuite la population mondiale en causant de 20 à 40 millions de victimes.

L'Algérie est durement touchée et malgré l'emploi de la quinine et de l'aspirine l'épidémie y fait des milliers de morts spécialement dans la population indigène.

Louis décède en 1925, trois ans après son frère Joseph. Son fils Robert Jean Marius est le seul héritier de ses terres. Il vend l'exploitation agricole pour en acquérir une autre vers Randon, non loin du lac Fetzara un lieu de pêche recherché par les bônois pour ses écrevisses. Robert devient lui aussi agriculteur. Les prairies naturelles occupent les terrains bas au sol noir et argileux difficiles à cultiver. Un réseau de drainage des eaux de pluies avec des fossés y est nécessaire avant la plantation des vignes qui produisent des vins rouge et rosé. Les autres terrains appelés « terres nues » sont réservées aux cultures industrielles, tabac, coton et tomates. Elles côtoient des cultures légumières de « plein champ » comme les pommes de terre, fèves petits pois, melons et pastèques avec la pratique de l'assolement biannuel de céréales telles que le blé dur.

Robert est fier de sa nouvelle moissonneuse d'origine californienne, « Espigadora ». Elle lui permet de couper les tiges au-dessous des épis en laissant la paille sur place. Cette machine est poussée par six mules ou mulets placés derrière la barre de coupe et conduite par une seule personne. En forme de T elle n'a que trois roues, la petite à l'arrière. La barre d'attelage à l'arrière passe sous la plate- forme où se tient le conducteur. Un tapis roulant transporte les épis une fois coupés à gauche vers un élévateur qui verse son contenu dans un chariot circulant parallèlement à la machine.

Louis –Paul le fils cadet fréquente l'école de garçons de la bourgade voisine et quelques années plus tard en sort avec le certificat d'études. Il est très doué en mécanique et très créatif mais ne peut poursuivre des études pour être ingénieur comme il le souhaite car l'argent manque à la maison. Ses frères se marient et partent habiter ailleurs. Ses parents ont du mal à joindre les deux bouts à cause de leurs emprunts fonciers, les produits de leur exploitation n'étant pas assez rentables.

En ces temps- là l'Europe est en recherche de stabilité et l'Allemagne est admise au sein de la Société des Nations. Au gouvernement français Aristide Briand favorise une politique internationale d'arbitrage et de limitation des armements car il est un fervent partisan de la paix. En 1928 63 pays signent le Pacte Briand-Kellog dans lequel ils affirment renoncer à la guerre pour résoudre d'éventuels conflits d'intérêts. En 1929 la grande crise mondiale touche la France et ses colonies. L'Emprunt russe s'est révélé insolvable et nombre de petits épargnants ont perdu toutes leurs économies.

A la belle saison les familles bônoises se réunissent au bord des plages. Les maillots de bains sont à la mode raccourcis mais toujours pudiques. Les fréquents pique-niques aux plages de St Cloud et de La Grenouillère permettent de déguster des brochettes d'agneau ou des merguez accompagnées de salades de pommes de terre, tomates et olives. Les repas sont arrosés avec le vin chargé en alcool des vignes algériennes. En 1930, les vins comptent pour plus d'un tiers de la valeur totale des exportations, 90% des 12 millions d'hectolitres produits étant exportés essentiellement vers la métropole. Les producteurs du Midi de la France supportent d'ailleurs de plus en plus mal cette concurrence et exigent que l'introduction des vins algériens soit contingentée.

Le dimanche le rituel de la grand-messe rassemble les européens revêtus de leurs plus beaux costumes. Il est suivi par des grand repas en famille. Cela cimente cette société de déracinés qui rebâtissent peu à peu leur existence dans une contrée si différente de leurs terroirs d'origine au climat souvent froid et humide. Le couscous est le plat traditionnel indigène de semoule de blé dur au beurre rance additionné de viande en sauce et de légumes. Ce plat épicé a été adopté par les français d'Algérie. Les marchés locaux sont riches en légumes verts et fruits de toutes sortes ; oranges grenades, figues de barbarie, melons et pastèques. L'été est long caractérisé par une chaleur accablante, sous un ciel sans nuages. Mais il communique aux gens une sorte de flegme et aux rythmes de travail une décontraction qui incite aux longues siestes à l'ombre des volets clos. La fraîcheur du soir encourage les familles à sortir et déambuler le long du Cours Bertagna ou sur le port pour admirer les paquebots. La chasse occupe l'automne dans les montagnes de l'Edough près de Bugeaud où une station climatique avec sanatoriums, hôtels et résidences de colons aisés s'est implantée à 900 mètres d'altitude depuis l'amélioration de la route vers Bône en 1921. Louis- Paul aime se dépenser en pleine nature à l'exemple de ses ancêtres gersois. Les sangliers et coqs de bruyère constituent un gibier abondant dans les forêts de chêne-liège exploitées par les forestiers dont beaucoup sont originaires d'Alsace- Lorraine. Elles forment un épais maquis sur les montagnes qui bordent la côte. Le transport y est assuré par de grosses diligences tirées par six chevaux.

Une autre excursion consiste à se rendre à Hippone en calèche. Le site antique se trouve à trois kilomètres de Bône où les ruines phéniciennes puis romaines d'Hippo Regius côtoient la basilique nouvellement édifiée de St Augustin, père de l'église romaine et grand philosophe.

Mais la famille de Louis Paul préfère se promener sur le chemin de la nouvelle Corniche vers le Fort génois en passant près du Marabout de Sidi-Ben-Kerim, mausolée blanc et solitaire érigé sur une légère éminence.

En 1931 à l'âge de 20 ans Louis- Paul s'engage dans la Gendarmerie. Avec un salaire régulier il peut aider ses parents car il n'a pas beaucoup de dépenses étant logé et nourri dans sa caserne. Il conduit et s'occupe de l'entretien des camions et autres véhicules grâce à son don de mécanicien. C'est un jeune homme grand et bien bâti avec un visage large aux traits réguliers. Mais lui aussi rêve de rencontrer une femme pour l'épouser et fonder une famille. Il économise tant et plus et lorsqu'il a gagné assez pour s'installer en ménage il parle à son père qui lui présente grâce à des amis communs sa première épouse, une jeune femme dont la famille a migré depuis l'est de la France. Il est envoyé à Batna quelques années plus tard. Au sud de Constantine c'est une région rude et proche du désert qui débute à Biskra.

Batna est à 1054 mètres d'altitude la ville principale du massif des Aurès à l'entrée d'une vaste plaine arrosée par de nombreuses sources. Dans l'entre- deux guerres son architecture est de type colonial avec un plan géométrique de rues se coupant à angle droit. La ville existait déjà durant l'antiquité, depuis les romains et son nom arabe signifie « étape ». En 1844 la ville nouvelle fut créée à partir d'un ancien camp militaire français. Ses premiers migrants européens étaient des déportés politiques puis des ouvriers alsaciens lorrains et italiens travaillant dans les mines alentour. C'est un environnement austère n'offrant que des promenades limitées sur l'Avenue de France ou de la République. Heureusement à cette époque la ville est reliée par le chemin de fer aux autres localités côtières et à Constantine, le chef -lieu du Département.

Dès le 20 juin 1936 il devient plus facile pour les employés de toutes catégories de passer des vacances hors de Batna. Le Gouvernement du Front Populaire vient d'instaurer en France et en Algérie française « le Congé annuel payé dans l'industrie, le commerce, les professions libérales, les services domestiques et l'agriculture au profit de toute personne qui du fait d'un contrat de travail écrit ou tacite, se trouve dans un état de subordination par rapport à son employeur ». Les salariés vont pouvoir partir en vacances en famille.

A Batna les hivers sont enneigés et les étés torrides. Le vent du désert appelé Sirroco souffle par périodes de juin à septembre chargé parfois de millions de sauterelles locustes affamées qui viennent de survoler le Sahara depuis l'Afrique occidentale et dévorent tout sur leur passage dans les fertiles plaines d' Algérie. Le premier enfant de Louis-Paul, une fille naît en 1938. Mais l'entrée en guerre de la France contre le régime allemand nazi d'Hitler va bouleverser la vie de la famille.

Hitler vient d'envahir la Tchécoslovaquie arguant que la région des Sudètes est peuplée d'allemands. Mais la France et le Royaume-Uni poursuivent leur politique d'apaisement pour éviter la guerre. En 1938 les accords de Munich permettent le démantèlement du territoire tchécoslovaque. Puis Hitler s'attaque à la Pologne car il est couvert par le Pacte Germano-soviétique de non- agression et le partage de l'Europe de l'est avec l'URSS. A ce moment- là la France et le Royaume –Uni déclarent la guerre à l'Allemagne Nazie. Cette déclaration de guerre ne modifie pas la stratégie purement défensive de la France. Le général Gamelin Commandant en chef des Armées françaises se prépare à une guerre d'usure. L'armée française se cantonne dans les puissantes fortifications de la ligne Maginot. L'opinion publique française est en majorité pacifique.

Cependant le 10 mai 1940 est lancée l'offensive allemande sur la France par la Belgique puis vers Sedan là où les fortifications sont les plus faibles. Le 10 juin 1940 le Gouvernement de Paul Reynaud quitte Paris menacé. Le 14 juin les armées allemandes entrent dans Paris. Devant cet échec énorme Paul Reynaud démissionne remplacé par le maréchal Pétain qui demande l'armistice aux allemands. Le 10 juillet 1940 l'Assemblée Nationale réunie à Vichy vote les pleins pouvoirs au Maréchal Philippe Pétain pour rédiger une nouvelle Constitution. Le 11 juillet 1940 Pétain se donne le titre de Chef de l'Etat Français. Le Régime de Vichy débute et le mot « République » disparaît des actes officiels.

Le 6 octobre 1940 le Général Maxime Weygand, nouveau délégué général du Gouvernement de Vichy en Afrique française arrive dans une Algérie plongée dans une situation difficile. Il doit encourager l'industrialisation de la colonie pour compenser le manque de produits manufacturés en métropole à cause de l'occupation allemande. Il faut aussi maintenir l'Afrique du Nord sous la dépendance française en assurant la fidélité des populations indigènes à la France. Mais aussi le Général Weygand désire protéger l'Afrique du Nord de toute présence ennemie pour y permettre « le regroupement, le renforcement et la mise en état de Forces militaires françaises pour reprendre les combats quand l'occasion opportune de le faire avec succès se présenterait aux côtés des anglais et des américains ». Et pour lui cette mobilisation repose sur l'équipement économique et industriel de l'Afrique du nord. L'Amiral Darlan au contraire envisage à cette époque l'industrialisation de l'Afrique du Nord dans la perspective d'une

Europe allemande. Il se ralliera plus tard aux Forces Alliées en novembre 1942.

L'Algérie subit une grave restriction de ses échanges extérieurs à cause de la guerre. Par conséquent il y a une multiplication des industries de substitution comme durant la Grande Guerre. Des nouvelles savonneries se créent en utilisant les huiles végétales. On assiste à l'ouverture de sucreries, conserveries, ateliers de salaison et distilleries ainsi que de quincailleries et cimenteries pour pallier au manque de produits bloqués en France.

Au printemps 1942 naît un fils au foyer de Louis- Paul toujours en poste à Batna mais prêt se battre contre les allemands. Son père Robert- Marius a vendu son exploitation se sentant isolé dans l'ambiance instable des années de guerre. Il vit à présent au centre de Bône rue Prosper Dubourg et a trouvé un emploi dans un commerce au centre- ville.

Finalement les forces Alliées interviennent en Afrique française du Nord. Leurs objectifs sont de prendre contrôle de la Méditerranée avec comme cibles les Forces de l'Axe basées en Tunisie, celles de Mussolini en Sicile et en Italie du Sud et plus tard marcher sur l'Europe pour vaincre Hitler.

Le matin du 8 novembre 1942 plus de 100 000 soldats anglo-américains débarquent en AFN. Les Alliés sont accueillis à coups de canon par l'Etat -Major français fidèle au Régime de Vichy et au Maréchal Pétain. Mais le débarquement réussit à Alger où la résistance locale a pu neutraliser l'armée vichyste. Le 12 novembre au matin un bataillon de parachutistes britanniques se pose sur l'aéroport de Bône. Parallèlement les troupes américaines débarquent à Bougie, à Philippeville sans rencontrer de résistance. Mais il n'existe pas encore de DCA ou d'avions capables de contrer les raids italo-germaniques et Bône est sérieusement touchée par les bombes lâchées par des vagues d'avions allemands le matin du 13 novembre. Les bombardements de l'Axe atteignent la Place d'Armes et la zone portuaire. Durant les attaques allemandes durant huit mois 1800 bombes sont lancées sur le port et la ville. Plus de 500 immeubles sont détruits ou endommagés faisant 3000 sinistrés. 164 victimes civiles sont dénombrées dont 123 musulmans, et il y a plus de 200 blessés dont 113 musulmans. Parmi les 885 soldats alliés morts au combat il y a 811 anglais qui reposent au cimetière anglais à 5 km à l'ouest de Bône.

Du 14 au 24 janvier 1943 se tient la Conférence de Casablanca afin de définir la stratégie des Forces Alliées à l'égard de l'Europe après la guerre. Churchill le Premier Ministre anglais y réunit non sans mal les généraux Giraud et De Gaulle face au Président des USA, Roosevelt.

Finalement le 22 mai 1943 l'armée de l'Axe commandée par le Maréchal Rommel capitule en Tunisie. Un cessez le feu est déclaré au Djebel Zaghouan. En Algérie une partie de la population européenne de 17 à 45 ans a été mobilisée. L'AFL, (Armée Française Libre) est constituée par 168 000 français d'Afrique du Nord, 173 000 magrébins et noirs africains, 20 000 français de la métropole, et 35 000 français de Corse. Le général Alphonse Juin, fils de gendarme, né à Mondovi comme Robert-Marius et passé aux Forces Alliées depuis le débarquement de novembre 1942 est nommé par le Général De Gaulle avec l'accord du Général Giraud, commandant de l'Armée d'Afrique. Il accepte d'être placé sous les ordres du Général Clark, Commandant en Chef de la 5ème Armée américaine bien qu'il soit plus gradé et ayant plus d'ancienneté.

Le 9 septembre 1943 les Forces Alliées débarquent en Italie au sud de Naples près de Salerne après avoir pris la Sicile en juillet. Dans leur avancée elles font tomber le régime de Mussolini.

En août 1944 la première Armée, encore appelée Armée B débarque en Provence grâce à l'Opération Dragoon. Environ 260 000 hommes, dont 5 000 auxiliaires féminins débarquent dans les mois qui suivent cette opération. Louis Paul est envoyé sur le front dans les blindés avec le débarquement des Forces Alliées en Provence. Il est conducteur de char engagé dans les combats contre Hitler et ses troupes nazies et avance jusqu'au-delà du Rhin. Par chance il n'est pas blessé et sa conduite héroïque est récompensée à la fin de la guerre par la Croix de Guerre et la Médaille Militaire.

Le premier mai 1945 la fin de la guerre est proche mais l'Algérie musulmane est agitée par des émeutes lors du défilé du premier mai. Elles se produisent à Alger et Oran aux cris de « Libérez Messali ». Il y a 3 manifestants tués, 19 blessés ainsi que 23 policiers. En réaction le leader indépendantiste Messali Hadj en résidence surveillée à Reibell-Chellala est envoyé au Congo à Brazzaville. La panique qui s'empare alors des autorités gouvernementales et militaires françaises en Algérie et la répression brutale qu'elles improvisent peut s'expliquer par le fait que la Gendarmerie dont la tâche principale est le maintien de l'ordre a elle aussi été envoyée combattre en Allemagne. Il n'existe plus en ces jours fatidiques de forces de l'ordre organisées pour stopper les émeutiers dans le calme.

Enfin l'Armistice est signé le 8 mai 1945, la guerre est terminée en Europe et Hitler est tombé. Mais le même jour l'insurrection indigène se poursuit à Sétif au sud de Constantine. « A l'initiative du grand Muphti de Jérusalem, ami déçu d'Hitler, qui lance le jihad, la

Guerre Sainte pour tous les musulmans, un certain nombre de personnes se soulèvent dans l'arrondissement de Sétif, une tentative d'insurrection qu'une fois de plus la masse de la population ne suit pas. Les émeutiers tuent 108 personnes, en général des colons isolés et pillent tout ce qu'ils peuvent. La répression est féroce et fait des milliers de victimes chez les indigènes attisant une haine qui se concrétisera plus tard par la « Guerre d'Indépendance de l'Algérie ».

Quelque temps plus tard Louis- Paul rentre en Algérie et réintègre sa caserne à Batna. Mais la vie quotidienne avec son épouse est compromise par leurs caractères trop différents et le fait que sa femme ne se plaise pas à Batna, une ville au climat continental désertique accablant de chaleur l'été et glacial l'hiver. Il n'y a pas de magasins comme à Bône et pas de lieux de loisirs pour les européens. Elle se sent trop loin de sa famille et de la vie agréable au bord de la mer. En 1946 elle quitte soudain le domicile conjugal avec ses deux enfants et retourne à Bône. Louis- Paul retrouve la maison vide au retour d'une absence prolongée durant une opération de sécurisation de la région des Aurès. Il ne lui pardonne pas son geste. Son caractère intraitable et rigide l'empêche de comprendre que sa femme n'est pas arrivée à s'adapter à sa vie de soldat. Il demande le divorce. Puis il postule pour une mutation à Constantine dans la Garde Républicaine. Avec ses états de service glorieux durant la guerre il est rapidement transféré dans ce nouveau poste. Peu après cette fracture majeure dans sa vie personnelle Louis-Paul s'installe au Plateau Mansourah où se trouvent les grands casernements de Constantine. En 1946 Il obtient le divorce mais se retrouve séparé de ses deux enfants, une épreuve à cause de son éducation conservatrice. Tout cela peine ses parents. Il verse une pension alimentaire à son ex épouse et rencontre ses deux enfants à Bône lorsqu'il est en permission. A 35 ans c'est un homme dans la force de l'âge mais emmuré dans ses traumatismes, la guerre et ses horreurs ainsi que le fait de vivre seul. Il a un caractère entier et sentimental, né sous le signe du Taureau. Il perd aussi le contact avec ses frères qui partent dans l'après- guerre travailler sur des chantiers de travaux publics au Moyen Orient. Ses parents âgés résident toujours Rue Prosper Dubourg, lieu de vie de nombreux « pieds noirs » ainsi qu'on dénomme à présent les Français d' Algérie.

 En France le 21 octobre 1945 96% des électeurs Français décident de faire disparaître la Troisième République. Le même jour ils élisent une Assemblée Constituante qui doit rédiger la Constitution d'une nouvelle République. Dans cette assemblée le parti Communiste français (PCF) et le parti socialiste (SFIO) ont la majorité absolue. En janvier 1946, le général De Gaulle, président du Gouvernement Provisoire démissionne car il n'est pas d'accord avec la majorité de Gauche de l'Assemblée. Le rejet d'un premier projet de Constitution entraîne l'élection d'une nouvelle Assemblée Constituante le 2 juin 1946. La Quatrième République qui succède aux institutions provisoires mises en place à la fin de la Seconde Guerre mondiale est le nouveau Régime Républicain instauré le 27 octobre 1946. Il durera jusqu'au 4 octobre 1958.Vincent Auriol, est Président de la République Française de 1947 à 1954.

Le 27 octobre 1946 la Constitution par son article 82 expose que le statut Coranique, (musulman) est compatible avec la citoyenneté française. La constitution confirme l'Algérie comme un ensemble de départements (d'Outre-mer).

Depuis son divorce Louis- Paul va mal. Le conformisme des familles de militaires dans sa caserne le dérange car il sent qu'on parle dans son dos. « Il est le Divorcé ». Cette position est mal vue à cette époque dans un milieu militaire très conventionnel. Il se met à fréquenter les lieux où des jeunes femmes européennes de bonne famille cherchent aussi des prétendants et non pas des aventures. Louis-Paul se sent trop jeune pour rester célibataire. Une après-midi d'automne 1946 Il se rend avec des collègues militaires dans les salons du bel hôtel Cirta, un ancien palais de style mauresque, où a lieu un thé dansant. Une jeune femme de petite taille, 1m 56 à peine, mais habillée avec soin, est assise avec des amies à une table non loin de la piste de danse. Ses cheveux châtains courts et bouclés sont coiffés à la garçonne. Dans son visage rond des yeux bleus au regard dans le vague trahissent sa myopie. Avec son air naïf et bien élevé elle attire la sympathie. Louis- Paul l'invite à un fox- trot bien qu'il n'aime pas danser. Plus tard ils dégustent des pâtisseries en compagnie de leurs amis. Elle est secrétaire-comptable chez Bergougnan une entreprise importante de pneumatiques. Louis-Paul a envie de la revoir et lui demande son adresse.

Quelques semaines plus tard il se rend avec elle chez ses parents dans la vieille ville, rue Sauzai et il est présenté officiellement à la famille de Mafalda Joséphine. La jeune femme de 32 ans lui apprend que son père est ruiné après une opération commerciale ratée et des mauvais placements. Il a dû vendre tous ses biens. Lui et son épouse sont devenus dépendants de leurs enfants. Malgré leur infortune c'est une bonne famille de siciliens avec une éducation soignée. Finalement Louis-Paul épouse Mafalda-Joséphine en 1947 entre deux tremblements de terre et ils s'installent dans son logement de fonction à la caserne Fourcade du plateau Mansourah, à près de 1000 mètres d'altitude ;

Le petit appartement est prévu pour Louis-Paul seulement, constitué de deux pièces dont une salle de séjour, une grande cuisine, une salle de bains et un WC. Une cave au sous- sol sert à entreposer le bois et le charbon pour le chauffage assuré l'hiver au moyen d'un poêle. La salle à manger ouvre sur un balcon au réez de chaussée de l'immeuble de quatre étages. L'ensemble est clair bien aéré et fonctionnel. Louis-Paul n'est que sous-officier car son caractère emporté et sa « forte tête » ont nui à son avancement. Il s'occupe de l'entretien mécanique des camions et autres véhicules de cette grande caserne de la Garde Républicaine. La vie du couple débute après la seconde guerre mondiale dans une Algérie alors département français, une Algérie où tout est à construire et moderniser dans une ambiance qui va en se dégradant entre français et indigènes musulmans.

Mafalda Joséphine continue à travailler comme secrétaire comptable chez Bergougnan. En 1948 elle se retrouve enceinte. Elle s'arrête quelques mois jusqu'à ma naissance. Arrivée avec 15 jours de retard sur la date prévue, (ce fait peut être dû à des secousses sismiques récurrentes et peu rassurantes pour quitter mon refuge foetal) je suis un gros bébé de sexe féminin nommée Annie, Cécile, née le 11 octobre à l'hôpital Militaire Laveran de Constantine.

L'hôpital porte le nom du célèbre Alphonse Laveran, professeur agrégé du Val de Grâce qui découvrit l'hématozoaire du paludisme, dans le sang des malades, à l'hôpital militaire de Constantine en 1878, découverte qui lui valut le prix Nobel en 1907.

Le père de Louis-Paul meurt à Bône en 1955 des suites d'une longue maladie et sa mère Rosalie en 1959 d'une soudaine attaque cérébrale alors qu'elle vivait seule.

Louis-Paul poursuit sa carrière dans la Garde Républicaine à Constantine alors que la Quatrième République minée par la guerre d'Algérie laisse place à la Cinquième République. A l'indépendance de l'Algérie en août 1962 Louis-Paul est muté à Gap puis à Paris jusqu'à sa retraite en 1963. Il cohabite bruyamment avec son épouse sicilienne lui reprochant souvent son origine étrangère. Louis- Paul est lié à Mafalda par le sentiment paradoxal de « hate and love » (amour et haine). Il conserve un lien distant avec ses deux premiers enfants à qui il verse une pension alimentaire jusqu'à leur majorité. Il s'enferme dans un mutisme pesant quant à son passé familial mais parle tant et plus de ses hauts faits de bravoure dans l'armée des Forces Françaises Libres. Il reste épris de principes de droiture, travail et famille.

Il est dépressif après le décès de son épouse en 1989. Il ne savait pas qu'elle était condamnée par un cancer de la plèvre métastasé et elle non plus. J'ai appris l'état de ma mère par les médecins en juin 1989. Ils m'ont conseillée de ne rien dire à mes parents car c'était déjà trop tard.

Vieillesse

Veuf à 78 ans Louis Paul souffre de sa solitude malgré la compagnie de son fidèle chien briard. A cette époque je vis à l'étranger et lui rends visite lors de mes séjours en France. Il conserve sa routine de rapatrié, sans amis ni passions, déraciné de son coin d'Algérie où sa famille avait émigré un siècle auparavant. Il n'a pas revu ses frères ni ses enfants d'un premier mariage. Il désapprouve ma vie d'aventurière et d'himalayiste puis critique ma conversion à l'Islam modéré de la Mosquée de Paris. Tout cela est peu rassurant pour cet ancien militaire « pied noir ».

Déjà cardiaque et souvent hospitalisé il est atteint à la fin de la maladie d'Alzheimer. Bientôt il ne me reconnaît plus.

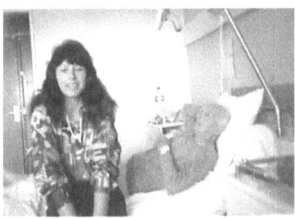

Il s'éteint en 1997 à 86 ans peu après avoir pris pension dans une jolie maison de retraite de la Côte Bleue.

Ainsi va la vie, ainsi va la mort.

La chaîne de l'existence est dépendante du temps qui passe inexorablement et qui emporte dans l'oubli ceux qui nous conçus ou les fixe dans notre mémoire si l'on prend juste soin de s'en rappeler.

FIN Copyrights Annie Beghin

1. Bourg Castral de Daubèze en Lomagne au sud d'Agen mai 1573.

Les agglomérations du canton de Francescas au Moyen Age .Google

Daubèze sur la commune de Lamontjoie . Google

Sur la lignée ainée de Goth Daubèze .Blog de Philippe Ballias page 6. Google

Uni géniture et héritage.
Les élites rurales et le modèle des sociétés à maison Roland Viader Google

La Gascogne Wikipedia Google

Origine des noms de famille Surnoms Sobriquets Google

Les grandes révoltes populaires sous l'ancien régime Stéphane Lanchon Google

Les grandes crises démographiques de l'Ancien Régime 2009, par Thierry Sabot. Google

Les guerres de religion Wikipedia

Le meunier Nicole Gotteland Google.

2. Un cadet de Gascogne mousquetaire du Roi de France en 1620

La compagnie des Carabins devenus Mousquetaires sous Louis XIII Google

Les grandes crises démographiques de l'Ancien Régime 2009, par Thierry Sabot Google

Les guerres de religion Wikipedia

3. Jehannet Daubèze

Les grandes crises démographiques de l'Ancien Régime 2009 Thierry Sabot Google

« Les campagnes françaises » M Clavel-Levêque-Guy Lemarchand. Google

4. 1787 Jean- Pierre tisserand à l'Isle Jourdain

Paysans gascons au 18eme siècle S Aberdam Google

En Gascogne – L'abandon de la terre. Docteur Emanuel Labat. Revue des deux Mondes 1910 Google

La vie agricole dans la Basse Vallée du Gers (18-19eme siècle) MLuxembourg Google

« Les campagnes françaises » M Clavel-Levêque-Guy Lemarchand Google

Le tisserand Google

Les grandes crises démographiques de l'Ancien Régime 2009 Thierry Sabot Google

Le règne de Louis XVI Wikipedia

Début de la période révolutionnaire vers 1787Wikipedia

La révolution de 1789 -1799 Wikipedia

Autrefois .La vie quotidienne en Gascogne
http://www.cite-st-joseph.asso.fr/autrefois.htm

Chronologie Histoire de France Google

Au 19ème Siècle Le Consulat (1799) et le Premier Empire (1804) Wikipedia

Autrefois .La vie quotidienne en Gascogne
http://www.cite-st-joseph.asso.fr/autrefois.htm

La vie quotidienne en France 1790/1830 Google

L'ascension de Bonaparte 1795 à 1804 Google

5. 1812. Le mariage de Bernard Daubèze avec Jeanne- Marie

Chronologie Histoire de France Google

La vie quotidienne en France 1790/1830 Google

6. Jean Daubèze né en 1819, l'aventurier de la famille

En Gascogne – L'abandon de la terre. Docteur Emanuel Labat Revue des deux Mondes 1910Google

Autrefois .La vie quotidienne en Gascogne
http://www.cite-st-joseph.asso.fr/autrefois.htm

Chronologie Histoire de France Google

Principaux évènements de 1815 à 1830 Google
Les transports en diligence Google.

Le métier de charron Wikipedia Google

La Restauration (1814-1830) Wikipedia

Principaux évènements de 1831 à 1848 Google

La Monarchie de juillet (1830-1848) Wikipedia

7. 1843 Jean Daubèze un migrant en Algérie nouvelle colonie française

Les voyages en bateau jusqu'en Algérie Marcel CUTAJAR Google

Deuxième République (1848-1852)Wikipedia

La conquête coloniale de l'Algérie par les Français Robert Louzon, disponible aux éditions *Acratie* et sur le « site noir du colonialisme » Google

1830 – 1945 L'ALGÉRIE ENTRE COLONISATION ET ASSIMILATION. Le rôle de la colonisation de peuplement dans la politique de la France en Algérie et dans l'organisation de la colonie (1991) Guy Pervillé professeur d'histoire contemporaine à l'Université de Toulouse – Le Mirail Google

Algérie. Sur l'installation des colons .Centre de colonisation – Algérie De 1830-1962 ENCYCLOPEDIE
Alsaciens lorrains en Algérie (1830-1914). Synthèse Guy Amand.
 Bibliographie :
Alsaciens et Lorrains en Algérie de Fabienne Fischer Ed Gandini.
Divers documents de la BNF, fournis par Henri et Ramonico
Français d'AFN, ce qu'ils sont devenus.....de René Mayer

Les campagnes françaises M Clavel-Levêque-Guy Lemarchand. Google.

8. Louis le premier fils de Jean né à Bône en 1854

Principaux évènements du second Empire 1851 à 1870 Google
L'installation de la 3ème République 1870 à 1879 Google

Troisième République Wikipedia Google

 En France Principaux évènements de 1880 à 1899 Google
Algérie. La vie à Bône à la fin du 19eme siècle Louis Arnaud « Bône son histoire ... ses histoires »

Algérie de Mondovi à Bône par la route Google
Algérie près de Bône l'agriculture des colons Google

9. Robert Jean Marius et le début du vingtième siècle en Algérie

En France principaux évènements de 1900 à 1910 Google

La Première guerre Mondiale Wikipedia

Algérie de Mondovi à Bône par la route Google.
Algérie près de Bône l'agriculture des colons

Un coin d'Alsace-Lorraine en Afrique du Nord : le village de Bugeaud, en Algérie (Canton de Bône, département de Constantine) Marc Frangi Google

10. Louis- Paul militaire de carrière dans l'armée Française

Algérie de Mondovi à Bône par la route Google
Algérie près de Bône l'agriculture des colons
La ville de RANDON redevenue BESBES à l'indépendance : (Sources JP Bartolini et M ROZIER) Blog Seybouse Google

L'ESPIGADORA, UNE MOISSONNEUSE CALIFORNIENNE dans l'Algérie coloniale (1920-1940)
Jean-Paul BOURDON Pôle rural, Maison de la recherche en sciences humaines, Université de Caen, de L'AFN
Vie à Bône Blog La Seybouse de JP Bartolini Google
Algérie depuis le départ de la colonisation jusqu'à 1950 Blog Seybouse JP Bartolini Google
L'industrialisation de l'Algérie durant la seconde guerre Mondiale Daniel Lefeuvre « Chère Algérie »
La Seconde Guerre mondiale et ses répercussions sur Bône (1939-1945) Kamel, Annaba et sa région Google
Guerres mondiales en Algérie « Trois guerres » de louis Arnaud Google
Le débarquement des forces alliées en Algérie en 1942 et l'offensive vers l'Italie
« Algérie, mémoire déracinée », René Mayer, l'Harmattan, Blog Seybouse Google
Les émeutes du 8 mai 1945 Blog Seybouse Google
Batna Algérie illustrée Marcel Gori Ed Campanile.

Quatrième République Wikipedia

11. La rencontre de Louis Paul avec Mafalda- Josephine en 1946

Hôpital Laveran .Google

Liste non exhaustive. Ce livre est une histoire familiale reconstituée et romancée à travers plusieurs époques dans des contextes historiques et géographiques différents et non une étude précise et académique des événements dans les pays et régions citées. Donc l'auteur ne peut certifier l'exactitude de toutes ses sources tirées du Web principalement grâce au moteur de recherche Google.

FIN

Annie Beghin - Droits réservés. Copyrights 2015.